Keine Angst vor Trotzköpfen

ElternRatgeber

Heike Krauß / Rasso Knoller

Keine Angst vor Trotzköpfen

FALKEN

Inhalt

Vorwort

Dieses Buch behandelt eine Lebensphase, die es eigentlich gar nicht gibt: die Trotzphase oder das Trotzalter. Diese Begriffe könnten fälschlicherweise nahelegen, daß es einen Lebensabschnitt gibt, der wesentlich durch Trotzverhalten bestimmt wird. Trotz ist jedoch Teil unseres allgemeinen Verhaltensrepertoires, mit dem wir anzeigen, daß uns etwas nicht paßt, eine Situation nicht gefällt, wir uns mißverstanden fühlen, in unseren Bedürfnissen eingeschränkt, in unseren Zielvorstellungen blockiert. Es geht also darum, Autonomie zu zeigen. Solche Situationen erleben wir während unseres gesamten Lebens. Wie wir aber damit umgehen, wie wir solche Situationen durchstehen, wie wir sie lösen, das hängt von vielen verschiedenen Faktoren ab, die von Person zu Person variieren. Wichtig ist der Entwicklungsstand, der die potentiellen Verhaltensmöglichkeiten festlegt. Wichtig ist auch, welche Erfahrungen wir mit vergleichbaren Situationen haben. Diese Erfahrungen haben uns Strategien lernen lassen, die wir einsetzen können. Aber nicht nur solche spezifischen Lernergebnisse spielen eine Rolle, sondern auch das grundlegende Vertrauen, das wir in uns und in unsere Fähigkeiten haben. Dieses Vertrauen entsteht in sozialen Beziehungen; nicht nur in Konfliktsituationen, sondern in den sich wiederholenden Abläufen des Alltags. Dort haben wir Vertrauen aufbauen können und wissen, daß die uns wichtigen Personen verläßlich und für uns da sind. Oder aber wir haben Erfahrungen der Unvorhersagbarkeit gemacht, die zu sozialen Erwartungen führen, die durch Mißtrauen geprägt sind. Wichtig sind natürlich auch die Konsequenzen, die sich aus unserer Art der Konfliktbewältigung bisher ergeben haben. Entwicklung bedeutet Veränderung. Das heißt in unserem Zusammenhang, daß nicht alle Lebensabschnitte gleich konfliktbehaftet sind. Die frühe Lebensphase, in der das Selbst konstruiert wird, wo es um die Regulation von Nähe und Distanz, um die Entdeckung der eigenen Ich-Grenzen geht, ist eine besonders sensible Phase.

Aber auch die Pubertät ist nicht nur in der Literatur eine Zeit des Sturms und Drangs; die Herausbildung der Identität wird häufig von heftigen emotionalen Erschütterungen begleitet.

In dem vorliegenden Buch geht es um die erste Entwicklungsphase des Selbst, die das Vorschulalter betrifft. In dem Text werden viele wichtige Informationen zusammengetragen: So wird herausgestellt, daß Trotz keine zwangsläufige Entwicklungsphase ist, sondern eine individuelle Erscheinungsform besitzt. Der Trotz wird als Teil und zugleich Äußerungsform der Eltern-Kind-Beziehung gesehen und als Entwicklungsaufgabe „auf dem Weg zur Selbständigkeit" definiert. Die unterschiedlichen Perspektiven der Elterngeneration und der Kinder werden anschaulich beschrieben. Das Buch hat jedoch nicht nur einen informativen Gehalt, sondern will zugleich auch Ratgeber in kritischen Situationen sein. Damit ist ein Anspruch verbunden, der nur schwierig zu erfüllen ist. Da jede trotzige Verhaltensweise eine individuelle Geschichte hat, ist es problematisch, allgemeine Ratschläge zu geben. Und noch allgemeiner: Sind Ratschläge überhaupt nützlich? Sicher ist nicht daran gedacht, daß man in einer Krisensituation unter dem entsprechenden Stichwort nachblättert und sich Handlungsanweisungen holt. Es kann auch nicht sinnvoll sein, gegen das eigene Gefühl ein Verhaltensprogramm durchzusetzen. Wir sind alle von Natur aus mit einem intuitiven Elternverhaltensprogramm ausgestattet. Dieses Programm leitet uns im Umgang mit Kindern auf spontane Weise, ohne große Überlegungen anstellen zu müssen. So benutzen wir zum Beispiel, wenn wir mit Säuglingen sprechen, eine spezielle Sprache, die Babysprache. Wir sprechen in hohen Tonlagen, dehnen die einzelnen Wörter, machen lange Pausen, um so dem Baby Gelegenheit zu geben, auch mit seinen begrenzten kommunikativen Fähigkeiten in einen Dialog einzutreten. Wir leiten die Zwei- bis Dreijährigen dazu an, ihre Fähigkeiten im Spiel zu erproben und helfen ihnen dabei, ihr Entwicklungspotential zu erweitern. Wir vermitteln den älteren Kindern unsere Kulturstandards durch Beispiel und Instruktion. Diese und viele andere Verhaltensweisen äußern wir spontan, ohne nachzudenken und ohne bewußte Planung. Allerdings sind viele junge Eltern unter den Lebensbedingungen der modernen Welt verunsichert. Die ersten Erfahrungen mit kleinen Kindern sind häufig die mit dem ersten eigenen Kind. Insofern sind Verunsicherung und Hilflosigkeit eine häufig anzutreffende Gefühlslage. Auch die Informationsflut in den Medien und die sich häufig widersprechenden Anweisungen können dazu beitragen, daß junge Eltern ihren intuitiven Fähigkeiten und Kompetenzen nicht vertrauen. Viele Eltern berichten, daß sie ganz spontan dieses oder jenes gerne getan hätten, aber dann nicht wußten, ob es auch das Richtige für ihr Kind sei. Daraus ist die paradoxe Schlußfolgerung zu ziehen, daß wir zu viel darüber nachdenken, was das Beste für unsere Kinder ist und wie wir es ihnen zeigen können, statt mit ihnen spontan und unverstellt zu kommunizieren. Diese Spontaneität kann aber nur dann gelingen, wenn wir Vertrauen in uns selbst und in unsere Kinder haben. Das bedeutet, daß Eltern ihre eigene

Identität und auch ihre eigenen Grenzen deutlich werden lassen und gleichzeitig die Identität und Grenzen ihrer Kinder respektieren.
Diese Botschaft ist auch in dem vorliegenden Buch enthalten. Das heißt, daß Eltern zu Konflikten stehen müssen und sich bei Verboten nicht hinter Situationen oder Wünsche anderer Personen zurückziehen. Es ist wichtig, eine eigene Meinung zu entwickeln und diese auch zu vertreten, anstatt halbherzig fremden Anweisungen zu folgen. Das bedeutet, daß ein solches Buch, wie das hier vorliegende, eigentlich nicht im Krisenfall zu Rate gezogen werden soll, sondern Hintergrundwissen schaffen kann, das Verhaltenssicherheit bewirkt. Es kann die wichtige Funktion erfüllen, einen generellen Erfahrungsschatz aufzubauen, der früher im Alltag größerer Familienverbände erworben werden konnte.

Prof. Dr. Heidi Keller

Einleitung

„Hilfe, mein Kind ist in der Trotzphase!" – dies ist der Leidensruf unzähliger geplagter Eltern.
Bisher war das Kind ein liebes und süßes Baby … und in einigen Jahren wird es ein braves und fleißiges Schulkind werden. Aber bis dahin sind furchtbare Jahre zu durchleiden. Diesen Eindruck kann man oft gewinnen, wenn man mit Eltern von Kindern im Alter zwischen zwei und fünf Jahren spricht. Das Baby beginnt, sich zu einer kleinen Persönlichkeit zu entwickeln, und auf dem Weg dorthin gibt es für Kind und Eltern einige Probleme zu überstehen. Es kommt zu den ersten Konflikten zwischen „Groß" und „Klein" – Tränen fließen, und Kinderfäuste trommeln auf die Eltern ein.
Das Kind durchläuft ein Übergangsstadium, in dem sein Gefühlsleben voller Widersprüche und Launen ist.
Viele Eltern stehen dieser Entwicklung hilflos gegenüber. Allerorts werden sie mit wohlmeinenden Ratschlägen überhäuft und beginnen schließlich gar an ihren erzieherischen Fähigkeiten zu zweifeln. Sie fragen sich, ob sie etwas falsch gemacht haben. Jeder wird bei der Erziehung seiner Kinder hie und da von der „Ideallinie" abweichen und Dinge tun, die er im nachhinein bereut. Sofern es aber bei einzelnen Ausreißern bleibt, führt dies mit Sicherheit nicht zu vermehrtem Trotz. Wenn die Erziehungsmethoden der Eltern aber grundlegend falsch sind, kann ein Kind durchaus psychischen Schaden nehmen.
Meist sind die Selbstzweifel der Eltern also unbegründet, am Trotzverhalten ihrer Kinder sind sie nicht schuld. Eine gewisse Verunsicherung bleibt aber erhalten.

Das vorliegende Buch will den Eltern in Konfliktsituationen beistehen und ihnen helfen, Strategien zu entwickeln, wie sie die Trotzphase ihrer Kinder nicht nur überleben, sondern, mit ihnen zusammen, bewußt erleben können. Zahlreiche Tips und Ratschläge zeigen, wie man auch in schwierigen Situationen die richtigen Worte findet. Es will ihnen auch Mut machen und Selbstvertrauen schenken. Es fordert sie dazu auf, in sich hineinzuhören und sich bei der Erziehung wieder mehr auf die eigene Intuition zu verlassen. Und vergessen Sie nie: Der kleine schreiende Trotzkopf vor Ihnen ist IHR KIND ... im Moment vielleicht etwas laut, doch es ist das Wesen auf dieser Welt, das Sie am meisten lieben und zugleich das, das auf Ihre Liebe am meisten angewiesen ist. „Trotzphase" bedeutet nicht nur Ärger, sondern – wie immer mit Kindern – auch jede Menge Spaß. In diesem Sinne: Keine Angst vor Trotzköpfen!

Bevor Sie sich in die Lektüre dieses Buches stürzen, noch eine Anmerkung. In unseren Texten wird, wenn von einem Elternteil die Rede ist, meist von der Mutter gesprochen. Uns ist bewußt, daß auch immer mehr Väter die Erziehungsarbeit übernehmen und auch die Zahl der alleinerziehenden Väter zunimmt. Da aber in den meisten Familien die Hauptlast der Erziehung nach wie vor bei den Frauen liegt, sprechen wir meist die Mütter an. Auf die sprachlich schwerfällige Form „Mutter/Vater" bzw. „Elternteil" haben wir nur in Ausnahmefällen zurückgegriffen. Nichtsdestotrotz: Dieses Buch ist auch für Väter geschrieben und will auch ihnen beim Umgang mit Trotzköpfen mit Rat und Tat zur Seite stehen.

Trotz, was ist das eigentlich?

Trotz gleich Streit?

Der vierjährige Peter und sein ein Jahr älterer Bruder Wolfgang wollen am Wochenende lieber mit ihren Freunden spielen, als mit den Eltern zur Oma zu fahren. Die beiden Jungs versuchen ihre Eltern dazu zu überreden, daß sie das Wochenende bei den Freunden verbringen dürfen. Als sich Vater und Mutter aber nicht umstimmen lassen, fordern die beiden immer lauter werdend ihr vermeintliches Recht. Schließlich ziehen sie sich schmollend in ihr Zimmer zurück.

Die beschriebene Situation zeigt einen typischen Konflikt zwischen Eltern und Kindern, wie ihn jeder kennt – aber handelt es sich dabei um Trotz? Wohl kaum, denn Trotz ist mehr als nur die Ablehnung elterlicher Wünsche. Trotz ist vielmehr ein „von inhaltlich-sachlichen Bezügen und Vernunftgründen unbeeinflußbarer, negativ affektbetonter innerer und äußerer Widerstand gegen (vor allem autoritätsgebundene) Anforderungen der Umwelt ...". So liest man es im Brockhaus.

Was das Lexikon in seiner trockenen Sprache sagen will, ist, daß einem Kind während eines Trotzanfalls im wahrsten Sinne des Wortes die Sicherungen durchbrennen. Es hat sich nicht mehr unter Kontrolle und ist für Vernunftargumente nicht länger zugänglich. Ein einmal angefangener Trotzanfall kann deswegen von den Eltern kaum mehr gestoppt werden. Im Gegensatz dazu waren die beiden Jungen in unserem Beispiel immer gesprächsbereit und hätten sich durch ein Zugeständnis der Eltern jederzeit vom Schmollen abbringen lassen.

Von 2 bis 6 (höchstens!)

Das Trotzalter beginnt im Alter von zwei bis drei Jahren und dauert, in zunehmend abgeschwächter Form, fast bis zur Einschulung. In dieser Zeit entwickelt sich das Kind zu einer kleinen Persönlichkeit mit eigenen Wünschen und Forderungen. Das Kind wird selbständiger und will seine Interessen auch durchsetzen. Auf Verbote durch die Eltern reagiert es deshalb mit Trotz. Aus Sicht des Kindes ist sein Verhalten nicht mehr als eine Schutzreaktion auf Aktionen der Erwachsenen, die den eigenen Wünschen und Vorstellungen entgegen stehen.

Nicht jedes Kind macht die Trotzphase mit der gleichen Intensität durch. Während die einen in dieser Lebensphase richtig unausstehlich sind, sind andere nur ab und zu bockig. Doch ganz ohne Trotz geht es nur in den allerseltensten Fällen ab.

Allen gestreßten Eltern deshalb vorab zum Trost: Trotz ist ein notwendiger Teil des Heranwachsens und ein Zeichen dafür, daß sich Ihr Kind normal entwickelt. Deswegen sollte man Trotzanfälle, so anstrengend dies auch sein mag, nicht mit Gewalt unterdrükken, sondern allenfalls versuchen, sie auf geschickte Weise zu steuern.

Ist Trotzen angeboren?

„Trotzige Kinder gab es zu meiner Zeit nicht. Unsere Kinder gehorchten immer, und es gab keine Widerworte und wenn doch, dann las ihnen der Großvater schon die Leviten", so kann man es aus dem Mund entnervter Großmütter hören, die wieder einmal von den frechen Kindern der eigenen Töchter zur Weißglut getrieben werden. In Großmutters Aussage kann man nicht nur eine gewisse Sehnsucht nach der „guten alten Zeit" herauslesen, sondern auch einen kaum versteckten Vorwurf gegen die Tochter, die angeblich ihre Kinder schlecht erzieht. Aber: **Trotzige Kinder gab es schon immer. Lediglich die Art, wie man auf sie reagiert, hat sich geändert.** Noch vor wenigen Jahrzehnten griff man zu drakonischen Strafen und versuchte, bei seinen Kindern durch Drohungen jeden Widerspruch im Keim zu ersticken. Ein Beispiel für diese erschreckende Art der Erziehung ist der berühmte Struwwelpeter des Frankfurter Schriftstellers und Arztes Heinrich Hoffmann. In diesem „Erziehungsratgeber" des 19. Jahrhunderts wurde den Kindern mit schrecklichen Konsequenzen gedroht, wenn sie ihren Eltern nicht gehorchen. Dort erfuhren sie, daß der Suppenkaspar, der seine Suppe nicht essen wollte, immer dünner wurde und schließlich, zum Skelett abgemagert, starb.

Und sie hörten von Paulinchen, die nicht auf die Mahnung der Mutter hören wollte und mit dem Feuer spielte. Als „gerechte" Strafe verbrannte sie am Ende der Geschichte. Damals waren die Eltern noch die absolute Autorität, und die Erziehung fand allein mit dem erhobenen Zeigefinger statt. Der Wille des Kindes hatte in diesem Erziehungssystem keinen Platz. Durch Strenge schufen die Großeltern zwar Ruhe in ihren Wohnstuben, erzogen aber vielfach auch Kinder, die in ihrem späteren Leben mit den Problemen der unterdrückten Trotzphase zu kämpfen hatten. Minderwertigkeitskomplexe und Depressionen einerseits, aufbrausendes Verhalten und Unbeherrschtheit andererseits waren die Folge.

Die Geschichte vom Suppenkaspar, ein abschreckendes Beispiel für längst überholte „Erziehungsmethoden"

Außer der strengen Knute gab es aber auch noch andere Gründe, warum Kinder weniger trotzten. Früher gehörten zu jeder Familie vier, fünf oder mehr Kinder. Die Großeltern lebten meist im gleichen Haus wie die Eltern, und so verteilte sich die Aufgabe der Kindererziehung auf mehrere Schultern. Dies wiederum bedeutete, daß es für den Einzelnen wesentlich leichter war, die Ruhe zu bewahren. Anders als heute, konnte die geplagte Mutter den übermütigen Trotzkopf einfach an die Großeltern oder die Geschwister weiterreichen. Da Bruder und Schwester kaum mit Zugeständnissen reagiert haben dürften, wenn das Nesthäkchen wieder einmal quengelte, drehten die Kinder auch nicht an der „Trotzschraube", wie dies heute oftmals der Fall ist. Da aggressive und lautstarke Forderungen ohnehin nicht erfolgversprechend waren, wurden Trotzanfälle als Druckmittel weniger eingesetzt.

Trotz – ein Übel der Wohlstandsgesellschaft?

Heute lasten die Mühen der Erziehung ausschließlich auf den Eltern bzw. – Emanzipation hin oder her – der Mutter. Die Beziehung zwischen ihr und dem Kind ist enger, als dies früher der Fall war (zu diesem Thema siehe die Kapitel „Hinaus in die Welt" auf Seite 35 und „Freiräume schaffen" auf Seite 36). Viele Mütter fühlen sich dadurch überfordert, und die Kinder wiederum lernen, wie sie die schwachen Nerven ihrer Mütter für ihre Zwecke ausnutzen können. Dies ist zwar kein bewußter Prozeß – die Kinder reagieren also nicht mit Vorsatz –, doch der geplagten Mutter wird diese Erkenntnis zunächst nur wenig helfen.

Zweifelsohne hat auch die Veränderung der Gesellschaft dazu beigetragen, daß die Kinder heute schwieriger sind als früher. Die Hektik und der Streß der Eltern übertragen sich auch auf sie. Sie sind deswegen vielfach sehr unruhig und ungeduldig. Werden ihre Wünsche nicht sofort erfüllt, reagieren sie aggressiv und destruktiv.

Dem kann man entgegenwirken, indem man in der Familie zu bestimmten Zeiten bewußt eine ruhige Stimmung schafft und den Kindern die Möglichkeit zum Entspannen gibt.

Die Reizüberflutung in der modernen Gesellschaft überfordert manche Kinder ebenfalls. Der Fernseher ist in vielen Familien inzwischen ihr bester Freund. Anders als Erwachsene können Kinder im Alter von drei oder vier Jahren das am Bildschirm Gesehene noch nicht richtig einordnen. Für sie ist alles, was sie sehen, Realität. Deswegen ist es kaum verwunderlich, daß ein Kind nach dem Konsum gewalttätiger Sendungen mit Angst, Unruhe und Aggression reagiert.

Sehr kleine Kinder sollten deshalb nie, etwas ältere nur zusammen mit Erwachsenen fernsehen. Doch auch dann sollten Kinder im Trotzalter nie länger als eine halbe Stunde vor der Glotze sitzen. Wichtig ist, daß für sie nur kindertaugliche Sendungen ausgewählt werden und daß sie die Möglichkeit erhalten, mit ihren Eltern über das Gesehene zu sprechen.

Sehr kleine Kinder sollten gar nicht, etwas ältere nur zusammen mit Erwachsenen fernsehen

Niemals darf der Fernseher zum bequemen Babysitter umfunktioniert werden!
Es reicht nicht aus, das Kind vor den Fernsehapparat zu setzen, damit es am Nachmittag eine Beschäftigung hat. Im Gegenteil – damit steigert man seine Aggressionen, weil das Kind zum einen das Gesehene allein nicht verarbeiten kann und zum anderen in seinem Bewegungstrieb eingeschränkt wird. Ein weiterer Grund, warum Kinder früher ausgeglichener waren, ist rein praktischer Natur. Ein Kind, das den ganzen Tag mit dem Vater auf dem Feld war oder mit den Geschwistern durch den Wald jagte, war viel zu erschöpft zum Trotzen. Heute dagegen wachsen Kinder meist in der Stadt auf, wo sie keine Möglichkeit haben, sich gefahrlos auszutoben.
Aus dem Gesagten ergibt sich ein einfacher, aber keineswegs einfältiger Tip zur Vorbeugung von Trotzanfällen: Weniger fernsehen, dafür öfter im Freien spielen und toben.
Dennoch gilt: **Äußere Faktoren können das Trotzverhalten zwar verstärken, die Ursache dafür sind sie jedoch nie.**

Kinder werden heute durch die Massenmedien oft mit einer Reizflut überschüttet, die sie nicht verarbeiten können

Warum heute mehr getrotzt wird als in der „guten alten Zeit“
Das ausgleichende Korrektiv der Großfamilie fehlt
Streß und Hektik der Eltern übertragen sich auf die Kinder
Reizüberflutung durch die Medien
Weniger Kontakt zu anderen Kindern und Erwachsenen außerhalb der Familie
Weniger Möglichkeiten zum Austoben

Ein erster Schritt auf dem Weg zur Selbständigkeit

Trotz ist immer auch eine Auflehnung gegen Erwachsene. Das Kind widersetzt sich dem Willen der Eltern und testet aus, wie weit es gehen kann. Mit dem Trotzalter beginnt eine Phase der ständigen Konflikte. Das Kind ist hin- und hergerissen zwischen dem Rockzipfel der Mutter und der „großen weiten Welt“, die es jetzt allein entdekken kann und will. Der Wunsch nach Selbständigkeit wächst durch neu erworbene Kenntnisse. Das Kind merkt, daß es nicht immer auf die Mutter angewiesen ist.

Der Trotz ist in diesem Fall Ausdruck des Lösungsprozesses aus der Abhängigkeit. Als Baby hatte das Kind die volle Zuwendung und Aufmerksamkeit der Eltern, insbesondere der Mutter. Es wurde gewickelt, gefüttert, herumgetragen und war der Mittelpunkt des Lebens. Im Laufe der Zeit fordert die Mutter mehr Selbstübernahme von Aufgaben und Tätigkeiten. Doch nicht nur die Mutter, sondern auch das Kind stellt immer öfter die Forderung: „Ich will das alleine machen!“, brüllt es ... und bringt sich damit in einen großen Konflikt. Es merkt: Mit wachsender Selbständigkeit nimmt die Nähe zur Mutter ab. Zwangsläufig wird der Körperkontakt mit der Mutter seltener, und es hat Angst vor dem Verlassenwerden.

Die Umwelt des Kindes besitzt einen sehr großen Aufforderungscharakter: das Kind kann laufen und ausprobieren, wie weit es kommt. Diese ersten Abenteuer fordern von ihm eine gehörige Portion Mut und Selbstvertrauen. Auf dem Spielplatz macht es sich ohne Begleitung auf den Weg zur Schaukel, in der Küche klettert es auf den Stuhl und untersucht den Herd, im Wohnzimmer bohrt es mit der Schere in der Steckdose. Das Kind wagt sich erstmals allein in die „feindliche Welt“. Welche Gefahren auf diesen Expeditionen lauern, kann es aber noch nicht abschätzen. Deshalb ist es auch fassungslos, wenn die Mutter einschreitet und ihm damit sein Erfolgserlebnis raubt.

Der Phantasie des Kindes sind keine Grenzen gesetzt. Es hat Spaß am Ausprobieren und Selbermachen. Weniger Freude haben vermutlich die Eltern, und sie sprechen Verbote aus. Sie schränken den Handlungsspielraum des Kindes ein und setzen ihm Grenzen. Das Kind ist maßlos enttäuscht und macht sich durch Schreien und Toben Luft. In diesem Fall ist Trotz ein Protest gegen den Eingriff von außen auf das, was das Kind will.

Auf dem Weg zum Erwachsenwerden

Die Trotzphase ihrer Kinder ist für die meisten Eltern eine schwierige und anstrengende Zeit. Dies scheint indirekt in jedem Erziehungsratgeber bestätigt zu werden, denn überall findet man dort Tips, wie man am besten mit seinen schwierigen Kindern umgeht. Die Schweißperlen auf der Stirn genervter Eltern sind aber nur ein – und in diesem Fall der unwichtigere – Aspekt. Für das Kind ist die Trotz-

Kleinkinder, die die Welt entdecken möchten, ärgern sich natürlich über Einschränkungen durch die Eltern

phase ein ganz bedeutender Abschnitt in seinem noch jungen Leben. Es begreift nun, daß es einen eigenen Willen hat und läßt nicht mehr alles mit sich machen. Es erprobt seine Durchsetzungskraft, entwickelt Ideen und verwirklicht selbstgesteckte Ziele. Dies sind Dinge, die auch im späteren Erwachsenenleben von Bedeutung sind. Selbstverständlich stößt das Kind dabei immer wieder an seine Grenzen und reagiert entsprechend frustriert, es trotzt. **Der Begriff „Trotzalter" hat sich in der deutschen Sprache als Bezeichnung für das Kindesalter von etwa 2 bis 5 Jahren eingebürgert.** Er wird auch, der Einfachheit halber, im vorliegenden Buch entsprechend verwendet.

Genaugenommen gibt „trotzen" aber nur einen Aspekt dieser Lebensphase wieder – nämlich den der Frustration und der Reaktion darauf. Der Begriff definiert damit ausschließlich die Sichtweise der Erwachsenen; für sie ist das nervige Trotzen das wesentliche Kennzeichen in diesem Lebensabschnitt eines Kindes.
Kinder selbst würden wohl eher von einer „ersten Selbstfindungsphase" oder „Erforschungsphase" sprechen. Denn für sie steht ja nicht das Trotzen im Mittelpunkt ihres Handelns, sondern die Erforschung ihres eigenen Ich und einer neuen unbekannten Welt.

Jedes Kind trotzt anders

Wie sich Trotz bei einem Kind äußert, ist Temperamentsache. Ein Kind stampft vielleicht mit voller Wucht auf den Boden und schreit, bis einem die Ohren abfallen. Ein anderes hält die Luft an, bis es blau anläuft, ein drittes wirft sich auf den Boden, tritt gegen Türen oder fetzt Schachteln, Dosen und Vasen zu Boden. Solange solche Reaktionen nicht gegen andere Personen gerichtet sind und die Einrichtung nicht allzusehr in Mitleidenschaft gezogen wird, kann man den Trotzkopf toben lassen.
Wichtig ist, daß er sicher sein kann, daß die Liebe seiner Eltern durch den Tobsuchtsanfall nicht gefährdet ist.
Das Kind muß darauf vertrauen können, daß es, sobald es sich beruhigt hat, wieder in die Arme genommen wird.
Übrigens: Wenn Ihr Kind zu den „Luftanhaltern" gehört, brauchen Sie keine Angst zu haben. Bevor es gefährlich wird, beginnt es wieder zu atmen – dafür sorgt, ob es dem Trotzkopf paßt oder nicht, sein Körper schon ganz automatisch.
Kein Trotzanfall gleicht dem anderen, denn jedes Kind reagiert auf seine individuelle Art, abhängig von seinem Charakter und der Situation. Trotzdem gibt es einige Merkmale, die bei jedem Trotzanfall wiederkehren:

Trotzen, Symptom für einen wichtigen Schritt in der Kindesentwicklung
Die Trotzphase beginnt üblicherweise mit zwei bis zweieinhalb Jahren und dauert in der Regel bis zum fünften Lebensjahr.
Die Heftigkeit der Trotzanfälle ist von Kind zu Kind unterschiedlich, generell nimmt sie im Laufe der Zeit ab.
Ganz ohne Trotzalter wird aber kein Kind erwachsen.
Der eigene Wille des Kindes beginnt sich zu entwickeln, das Babyalter ist abgeschlossen.
Das Kind experimentiert mit seinen neuen Fähigkeiten wie Laufen und Sprechen.
Wünsche von Kind und Eltern treten in Konflikt.
Trotz ist eine Verteidigung der kindlichen Ansprüche gegen Erwachsene.
Das Kind ist in dieser Zeit hin- und hergerissen zwischen dem Ablösen von der Mutter und dem Klammern an die Mutter.

Hat sich ein Kind in einen Trotzanfall hineingesteigert, ist es für Argumente nicht zugänglich

Trotz ist meist eine Reaktion auf andere Menschen, deren Verhalten das Kind als gegen sich gerichtet empfindet. Konkret heißt das: **Es gibt immer einen** – wenn auch nichtigen bzw. für die Eltern nicht erkennbaren – **Anlaß,** der das Kind „ausflippen" läßt. Das kann die Weigerung der Eltern sein, dem Kind im Supermarkt die geliebte „Sokolade" zu kaufen, oder der Wunsch der Mutter, daß der Herr Sohn die frischgewaschene Hose anstatt der verschmutzten anziehen soll. Anlässe für einen Trotzanfall lauern an jeder Ecke.

Wir Erwachsenen wissen, warum wir Wünsche und Verbote aussprechen, das Kind weiß dies jedoch nicht. Es hat sich die „Sokolade" doch so sehr gewünscht und kann nicht verstehen, warum die „böse Mami" sie ihm nicht kaufen will. Es fühlt sich nicht verstanden und empfindet ihr Handeln als gegen sich gerichtet.

Trotz ist ein Kurzschlußverhalten, das ungewollt aus dem Kind „herausbricht". Es ist unwiderruflich, ist also der Trotzanfall erst einmal im Gange, so läßt er sich nicht mehr stoppen. Alle Eltern von Kindern im Trotzalter kennen die folgende Situation, die sich immer wieder beim Anziehen abspielt: Mutter und Kind sind gutgelaunt, doch plötzlich, wie aus heiterem Himmel, wirft sich das Kind zu Boden und beginnt zu strampeln und zu schreien. Die Mutter weiß nicht, was sie falsch gemacht hat. Vielleicht hat sie eine ungeliebte Jacke in die Hand genommen oder ein Spielzeug aus dem Weg geräumt, mit dem das Kind noch spielen wollte. Beruhigende Worte nützen jetzt nichts mehr. Das Kind hat sich für eine Weile aus der Welt der Mutter verabschiedet – der Trotzanfall ist nicht mehr zu stoppen. Das Kind verliert den Kontakt zur Umgebung. Es hört nicht mehr, was man ihm sagt und sieht nicht, was man ihm zeigt. Es wird unansprechbar und unzugänglich. Man erkennt dies deutlich, wenn man versucht, dem Kind in die Augen zu schauen, um ihm etwas zu erklären. Entweder hat es die Augen ganz geschlossen oder aber der Blick ist leer und in die Ferne gerichtet. Würden die Eltern in dieser Situation laut, würde das Kind nur noch lauter schreien. Alles, was man ihm jetzt anbietet, wird abgelehnt. Gegen wen sich die Wut richtet, ist nicht erkennbar.

Das Kind vergißt, was der eigentliche Anlaß für seinen Trotz war. Das, was es wollte, will es nicht mehr, es verweigert alles, was angeboten wird, es läßt sich durch nichts mehr ablenken. Dazu das folgende Beispiel:

Maria ist mit ihrer Mutter im Badezimmer und soll die Zähne putzen. Irrtümlich hat die Mama die grüne und nicht die geliebte weiß-rot gestreifte Zahnpasta auf die Bürste geschmiert. Maria beginnt zu schreien und fordert wütend: „Ich will die andere Zahnpasta!" Die Mutter versucht mit guten Argumenten, Maria zur grünen Zahnpasta zu überreden, doch ohne Erfolg. Im Gegenteil – Maria wird immer lauter. Schließlich gibt die Mutter nach, spült die „falsche" Zahnpasta weg und bietet der Tochter die „richtige" an. Doch auch jetzt hört Maria nicht auf zu schreien. Als die verzweifelte Mutter auf das Zähneputzen verzichten will und damit beginnt, Maria die Hose anzuziehen, erntet sie nur weitere Tränen. Sie hat die falsche ausgesucht, ebenso geht es ihr später mit dem Pullover und den Schuhen.

Die wichtigsten Stufen beim Trotzanfall

Auslöser ist eine bestimmte Handlung anderer Menschen, die als Einschränkung erlebt wird.

Kurzschlußhandlung, der Anfall ist nicht aufzuhalten.

Kontaktverlust zur Umgebung

Der Grund für den Trotzanfall wird vergessen, die Wut richtet sich ziellos gegen „die ganze Welt".

Trotz aus der Sicht der Eltern

Daß Eltern und Kinder einen Trotzanfall ganz unterschiedlich sehen, liegt auf der Hand. Wo diese Unterschiede liegen, soll in den nächsten Kapiteln untersucht werden. Zunächst einmal eine Betrachtung aus der Elternsicht.

Nicht schon wieder!

„Eines meiner schlimmsten Trotzerlebnisse hatte ich, als meine Tochter gerade zwei Jahre alt war. Ich ging mit ihr zum Einkaufen. Schon bei den Einkaufswägen gab es großes Geschrei, weil sie nicht im Wagen sitzen wollte, sondern laufen. Ich versuchte es ein paarmal, doch dann gab ich nach und ließ sie auf den Boden. Hier warf sie sich gleich hin, und ich wußte gar nicht, was mit ihr los war. Nach einigen Bemühungen ließ ich sie einfach sitzen und erledigte meine Einkäufe. Das hatte natürlich zur Folge, daß sie noch lauter brüllte. Die übrigen Kunden schauten mich entsetzt an. „So eine Rabenmutter, die läßt einfach ihr Kind am Boden sitzen" haben sie wohl gedacht. Ich lief also zurück und packte meine Kleine an der Hand. Noch lauteres Geschrei war die Folge. Doch ich hielt eisern an der Kinderhand fest. Ich war ungefähr eine halbe Stunde in dem Laden und zog mein schreiendes Kind von Regal zu Regal, bis ich endlich alles gekauft hatte und

Trotzanfälle in der Öffentlichkeit sind für die Eltern natürlich besonders peinliche Momente

entnervt an der Kasse ankam. Aber ich war auch stolz darauf, daß ich nicht klein beigegeben hatte. Vor dem Laden standen zwei Damen, die mich schon vorher mißtrauisch beäugt hatten. Im Vorbeigehen hörte ich sie sagen: „Das ist die, die wird doch überhaupt nicht mit ihrem Kind fertig.“ Auf dem Heimweg ging das Drama weiter. Ich wunderte mich nur über die Ausdauer meiner Tochter, und die Nachbarn wunderten sich über das Geschrei. Zu Hause angelangt, nach immerhin einer Stunde Fußmarsch (sonst brauchen wir 20 Minuten!), war ich dann doch ziemlich erschöpft. Die Akustik des Hausganges hat meine Tochter noch einmal dazu ermutigt, einen Zahn zuzulegen. Aber hier stört es ja keinen, habe ich gedacht. Doch selbst die dicken Wände unseres Altbaus kamen gegen ihr Geschrei nicht an. Die junge Frau aus der Nachbarwohnung trat vor die Tür und fragte, was denn los sei. Ich erzählte ihr die Geschichte. Völlig entsetzt sagte sie nur: „Warum knallst du ihr denn keine?“ Auf diese Idee war ich gar nicht gekommen und außerdem – es hätte überhaupt nichts genützt.“

Ähnliche Szenen lassen sich täglich in hunderten von deutschen Supermärkten beobachten. Als Unbeteiligter fragt man sich, ob wohl etwas Schlimmes passiert ist. Meist aber war an der ganzen Szene nur ein Kaugummi schuld, der nicht gekauft wurde, oder ein Überraschungsei, das nicht in den Einkaufswagen wanderte.

Hinweise, wie man sich bei so einem Trotzanfall seiner Kinder am besten verhalten sollte, geben wir später. Doch hier vorab schon ein Tip: **Reagieren Sie auf Trotzanfälle Ihres Kindes im Supermarkt oder auf der Straße genauso, wie sie es zu Hause tun würden.** Merkt das Kind, daß Sie in der Öffentlichkeit aus Angst vor der Bloßstellung besonders nachgiebig sind, wird es diese Schwäche immer wieder ausnutzen. Wie unser Beispiel zu Beginn des Kapitels zeigt, kann konsequentes Verhalten ziemlich anstrengend sein – langfristig lohnt es sich aber.

Es gibt bevorzugte Situationen, in denen Trotzanfälle immer wieder ablaufen. „Beliebt“ sind der eben erwähnte Einkaufsbummel, das Anziehen und das Waschen. Auf dem Höhepunkt der Trotzphase geht es dann nur sehr selten ohne Streit ab. Das hat natürlich zur Folge, daß viele Eltern schon mit einer gewissen Spannung an diese Situation herangehen. Eine Mutter erzählt:

„Es gab eine Zeit, in der ich schon mit einer Panik aufgestanden bin und mir gedacht habe: Hoffentlich geht es

heute gut! Ich versuchte mit allen Tricks, das Kind bei Laune zu halten und so fast nebenbei anzuziehen. Gar nicht erst erwähnen, welche Kleider man heute ausgesucht hat. Einfach im Gespräch mit dem Kind den Pullover überziehen, vielleicht bemerkt es nicht, daß es nicht sein Lieblingspullover ist. Hat man diese Hürde gepackt, heißt es die Hose anziehen. Doch hier wirkt das Ablenkungsmanöver nicht mehr so gut. Das Kind stellt fest, daß es nicht seine rote Lieblingshose ist, die gerade in der Wäsche ist, sondern die blaue Latzhose. Jetzt beginnt das Theater. Das Kind schreit: ‚Nein!‘; man versucht ihm zu erklären, daß die rote Hose in der Wäsche ist. Aber der Versuch schlägt fehl, und das Kind schmeißt die Hose durchs Zimmer und brüllt: ‚Nicht die Hose, die andere!‘ Jeder Versuch der Erklärung wird mit lautem Gebrüll übertönt, und auch alle anderen Versuche der Ablenkung kommen nicht mehr an. Ich spüre, wie die Wut langsam in mir hochsteigt, denn jetzt wird auch die andere Hose, die ich inzwischen aus der Schmutzwäsche geholt habe, abgelehnt. Wütend verlasse ich das Zimmer, das Kind rennt schreiend hinterher. Ende der täglichen Anziehgeschichte.“

In einer solchen Situation haben wohl viele Eltern das Gefühl der Machtlosigkeit. Was immer sie auch versuchen, das Kind will sich einfach nicht beruhigen. Im Gegenteil: Seine Aggressivität nimmt zu, und viele Eltern glauben, daß sich dieses Verhalten gegen sie persönlich richtet. Sie zweifeln an sich und der Liebe ihres Kindes.

Sind wir schlechte Eltern?

Situationen wie die im vorigen Kapitel beschriebenen sind während der Trotzphase „täglich Brot“ vieler streßgeplagter Eltern. Irgendwie haben sie das Gefühl ständig überfordert zu sein und nie das Richtige zu tun. Die tägliche Trotzorgie läßt sie an ihrer Fähigkeit als Erzieher zweifeln.

Es stimmt zwar: Falsche Erziehung kann bei Kindern Störungen verursachen, die oft ein ganzes Leben lang nachwirken. Doch keine Angst: Eltern sein, heißt auch Fehler machen. Auch wenn Sie hin und wieder nicht nach Lehrbuch reagieren, wird Ihr Kind keinen Schaden nehmen. Vorausgesetzt, Sie geben ihm immer die Sicherheit, daß Sie es lieben.

Wenn Sie glauben, sich gegenüber Ihrem Kind ungerecht verhalten zu haben, sollten Sie Ihren Fehler auch eingestehen und mit dem Kind darüber sprechen. Hinweise, in welcher Form dies am besten gemacht werden kann, finden Sie im Kapitel „Es tut mir leid“ auf Seite 58.

Nur in Ausnahmefällen sind Eltern (bzw. alleinerziehende Elternteile) mit der Erziehung ihrer Kinder wirklich überfordert. Dies ist meistens dann der Fall, wenn sich die Eltern selbst in einer schwierigen Lebenssituation befinden. In diesem Fall sollte man unbedingt eine der vielen Familienberatungsstellen aufsuchen (siehe Seite 73).

Trotz aus der Sicht des Kindes

Ein Trotzanfall: Was für Eltern nervtötend ist, ist für die Kinder eine Möglichkeit, ihre Bedürfnisse zu artikulieren. Warum dies so ist, und was Kinder bei einem Trotzanfall empfinden, erfahren Sie in den folgenden Kapiteln.

Ich will!

Wer kennt es nicht, das Märchen von Rumpelstilzchen? Der kleine Wicht aus dem Wald, der um das Feuer tanzt und schreit: „Ach wie gut, daß niemand weiß, daß ich Rumpelstilzchen heiß!" Und als die Königstochter den Namen des kleinen Wichtes errät, zerspringt dieser vor Wut.

Ähnliches erleben manche Eltern während der Trotzphase ihrer Kinder. Wie aus heiterem Himmel platzt die Wut aus ihren kleinen Wichten heraus. Es ist noch nicht lange her, da lagen sie noch friedlich in ihrem Bettchen und es schien, als könnten sie keiner Fliege etwas zuleide tun. Doch nun stampfen sie wie Rumpelstilzchen durch die Wohnung, daß die Wände nur so wackeln. Die Eltern sind entsetzt und fragen sich: „Was ist plötzlich passiert?"

Das Kind ist nun etwa zwei Jahre alt, kann laufen und auf Dinge aufmerksam machen, die es kennt oder kennenlernen möchte. Es lernt zu sprechen und entdeckt dadurch ungeahnte Möglichkeiten, auf seine Wünsche hinzuweisen. Oft versteht es die Bedeutung seiner Worte noch nicht, doch es merkt, daß es damit etwas bewirken kann. Die anwesenden Personen beachten es und antworten ihm.

Wahrscheinlich alle Eltern werden mit leuchtenden Augen die ersten Worte ihres Kindes zur Kenntnis nehmen. Aber diese Freude wird eines schönen Tages bei einem Einkaufsbummel im Supermarkt getrübt werden. Dann nämlich, wenn die Mutter den Einkaufswagen mit dem Kind an den Regalen vorbeischiebt und dieses plötzlich laut „Sokolade" oder „Bonbon" zu fordern beginnt. Wenn es statt der erhofften Süßigkeit nur ein klares „Nein" zur Antwort bekommt, wird es seiner Forderung durch Lautstärke Nachdruck verleihen. Dies geschieht jedoch nicht in böser Absicht, sondern aus purer Verzweiflung. Das Kind versteht die Welt nicht mehr und um seiner Enttäuschung Luft zu machen, fängt es an zu quengeln und zu toben. Der Kinderpsychologe Ulrich Diekmeyer sagt darüber: „Was Kinder in diesem Alter ausflippen läßt, ist die schiere Verzweiflung darüber, daß die Eltern nicht erkennen, was in diesem Moment ungeheuer wichtig ist."

Kinder im Trotzalter sind nicht länger Babys, sondern kleine Persönlichkeiten, deren eigener Wille sich mehr und mehr zu entwickeln beginnt. Nun wollen sie die Umwelt selbst erfahren und erleben. Immer öfter erforschen sie die Wohnung auf zwei Beinen und entdecken dabei Dinge, die ihnen bisher verborgen waren: die Vase auf dem Tisch, die Bücher in den oberen Reihen des Regals oder die Stereoanlage im Wohnzimmerschrank. All diese interessanten Sachen können sie jetzt selbständig erreichen und erkunden. Natürlich nicht immer zur Freude der Eltern.

Ich kann!

Im Alter von zwei bis fünf Jahren lernt Ihr Kind unheimlich viel dazu. Es wird selbständiger und kann jetzt auch Dinge selber machen, für die es vorher noch Ihre Hilfe benötigte. Es kann sich schon fast selbst anziehen, kann beim Abtrocknen helfen und selbständig essen. Für die Eltern bedeutet dies aber zunächst keine Arbeitserleichterung. Das Anziehen dauert statt fünf Minuten nämlich eine halbe Stunde, beim Abtrocknen fällt schon mal ein Glas auf den Boden, und beim Essen landet die Hälfte der Suppe auf dem Pullover. Doch bitte: **Lassen Sie das Kind, wenn immer möglich, seine Erfahrungen machen und sein neues Wissen ausprobieren.** Eltern, die ihren Kindern aus eigener Bequemlichkeit ständig ihre Hilfe aufdrängen, behindern nicht nur deren Entwicklung, sondern ernten meist auch einen Trotzanfall.

Getrotzt wird nur gegen Erwachsene

Ein interessantes Phänomen ist, daß Kinder ausschließlich gegenüber Erwachsenen trotzen. Trotz wirkt als eine Art Schutzreaktion gegen die vermeintliche Herrschsucht der Großen. Sie fordern vom Kind Dinge, die es

Der Streit unter Gleichaltrigen hat nichts mit einem Trotzanfall gegenüber den Eltern zu tun

Trotzanfälle richten sich meist gegen die erdrückende Macht der Eltern

nicht erfüllen kann oder will. Da ihm keine andere Art der Abwehr zur Verfügung steht – es ist dem Erwachsenen sowohl körperlich wie geistig unterlegen – kann es seinen Willen bzw. Unwillen nur durch Verweigerung (=Trotz) ausdrücken.
Auch wenn Kinder miteinander spielen, gibt es Konflikte. Den Streit um die Puppe oder das Auto hat jede Mutter oder jeder Vater schon hundertmal miterlebt. Das Kind will immer genau das haben, was gerade der andere hat, und jedesmal gibt es ein fürchterliches Geschrei und Gezeter. Doch ein Trotzanfall ist das nicht. Fast immer ist es möglich, den Streit zu schlichten, und die von den Eltern gemachten Angebote werden oft angenommen.
Für das Kind entstehen beim Streit mit einem anderen Kind, einem Gleichrangigen, nicht die existentiellen Nöte wie beim Konflikt mit den Eltern. Es muß weder fürchten, Liebe zu verlieren, noch Angst davor haben, verlassen zu werden.
Wichtig: Trotzanfälle laufen meist dann besonders heftig ab, wenn zu der anderen Person eine enge Bindung besteht. Und die engste Bindung hat das Kind nun einmal zu seinen Eltern.
Ein weiterer Grund, warum Kinder gegenüber Gleichaltrigen nicht trotzen, ist, daß bei einem Streit beide die gleichen Konfliktlösungsmöglichkeiten haben. Keines der beiden ist überlegen und kann von vornherein dem anderen seinen Willen aufzwingen. Die Verweigerung als letztes Mittel, seinen Willen durchzusetzen, ist also nicht nötig.

Trotzfreie Zone Kindergarten

Aus dem oben angesprochenen Grund trotzen Kinder im Kindergarten, in der Kindertagesstätte bzw. im Hort fast nie. Auch Trotzköpfe, die zu Hause ihre Eltern zur Weißglut treiben, verhalten sich nicht auffällig. Die Erzieherinnen sind ausgebildete Fachkräfte, die mit Ruhe und Gelassenheit auf die Eigenarten der Kinder reagieren. Sie werden deshalb von den meisten von ihnen als natürliche Autorität akzeptiert. Im Kindergarten lernen Kinder den sozialen Umgang mit Gleichaltrigen, Konflikte zu lösen, Erfolge zu feiern und Niederlagen einzustecken. Die Führungsrolle Älterer akzeptieren sie problemlos. Deren Anregungen werden gerne aufgegriffen, und deren Verhalten wird nachgeahmt. Sich in die Kinderhierarchie einzuordnen, fällt auch trotzigen Kindern meist leicht.
Mehr als ein Drittel aller Kinder in Deutschland wächst als Einzelkind auf; die Spielkameraden im Kindergarten sind für sie eine Art Geschwisterersatz. Für sie ist der Kontakt mit Gleichaltrigen besonders wichtig, um sich langsam von den Eltern ablösen zu können. Andernfalls bestünde die Gefahr einer zu engen Mutter-Kind-Bindung, und das könnte wiederum häufigere Trotzanfälle zur Folge haben (siehe dazu Seite 35). Viele berufstätige Eltern plagt ein schlechtes Gewissen, wenn sie am Morgen ihr Kind im Kindergarten abgeben. „Gute Eltern (bzw. Mütter!) müssen rund um die Uhr für Ihre Kinder dasein", so die immer noch weitverbreitete Meinung.

Die Erzieherinnen im Kindergarten werden fast immer als natürliche Autoritäten anerkannt

Dies mag für das Babyalter richtig sein, ein dreijähriges Kind kann aber durchaus den Vormittag ohne seine Mutter/bzw. seinen Vater verbringen. Im Gegenteil: **Der Kindergarten ist keine Aufbewahrungsstätte, sondern ein Ort, an dem Kinder Dinge lernen, die sie zu Hause unter der Obhut der Eltern nicht erfahren können.**

Last but not least ist der Kindergarten auch eine Begegnungsstätte für Eltern. Über ihre Kinder lernen sie dort andere Mütter und Väter kennen und haben so die Möglichkeit zum Erfahrungsaustausch.

UNSER TIP

Durch den Besuch des Kindergartens kann sich die Trotzphase bei einem Kind stark verkürzen bzw. abschwächen. Wenn ein „Trotzkopf" die Konfliktlösung im Kindergarten lernt, kann er auch mit Schwierigkeiten zu Hause besser umgehen.

Wie man einen Trotzanfall verhindert

Viele Trotzanfälle können schon im Vorfeld verhindert werden. Dazu müssen die Eltern lernen, kritische Situationen zu vermeiden und die Reaktionen ihrer Kinder frühzeitig richtig zu deuten.

Hilfe, ein Trotzanfall!

Viele Eltern sehen jedem Trotzanfall ihrer Kinder mit Grauen entgegen. Sie fürchten sich vor den Machtkämpfen und den emotionalen Belastungen, die damit einhergehen. Außerdem kommen einigen von ihnen schnell Zweifel an ihrer Fähigkeit als Erzieher. Instinktiv verhalten sich aber die meisten Mütter und Väter richtig. Die Angst, etwas falsch zu machen, ist zum großen Teil unbegründet.
Im folgenden wollen wir Ihnen einige Tips geben, wie Sie auf einen Trotzanfall Ihres Kindes reagieren können oder ihn durch geeignetes Verhalten im Vorfeld sogar verhindern können. Allgemeingültige Regeln darüber, was richtig und falsch ist, lassen sich aber nicht aufstellen – jeder Trotzanfall ist anders, und jedes Kind hat seine eigene Geschichte.

Müdigkeit und Streß

Die vierjährige Laura hat den ganzen Tag mit ihren Freundinnen gespielt und war dabei immer gut gelaunt. Nachmittags kamen die Großeltern zu Besuch und haben ihr den schon lange ersehnten Teddy als Geschenk mitgebracht. Laura war selig. Inzwischen ist es Abend geworden, die Familie sitzt beim Abendessen, und die gute Laune der Tochter ist wie weggeblasen. Sie weigert sich zu essen, zappelt herum, und ihren neuen Freund, den Teddy, hat sie längst in die Ecke gefetzt.

Müdigkeit macht reizbar

Was ist geschehen? Nichts eigentlich. Der Tag war nur sehr anstrengend für Laura, und jetzt ist sie müde. Auch Erwachsene reagieren, wenn sie erschöpft sind, leicht gereizt, und Kindern geht es natürlich nicht anders. Schon die kleinste Kleinigkeit kann sie dann zum Trotzen bringen.
Abhilfe scheint hier leicht: „Ab ins Bett." Ganz so einfach ist es aber nun doch wieder nicht. Laura hat einen aufregenden Tag hinter sich, aber obwohl sie müde ist, hat sie Angst etwas zu verpassen. Ohne Widerstand ins Bett schicken läßt sie sich deswegen nicht. Eltern, die in dieser Situation mit Strenge reagieren, werden den Trotz des Kindes nur verstärken. Verständnis ist gefragt. Das Kind darf nicht den Eindruck haben, daß es wegen seines Benehmens aus dem Familienkreis verbannt wird. Vielmehr sollte das Zubettgehen zu einem Gemeinschaftser-

lebnis werden. Lassen Sie den Tag für Ihr Kind langsam und ruhig ausklingen. Zünden Sie im Schlafzimmer eine Kerze an, und erzählen Sie Ihrem Kind ein Märchen. Lesen Sie ihm aus einem Buch vor oder berichten Sie ihm einfach, was Sie während des Tages erlebt haben. Bald schon wird der wilde Trotzkopf sanft ins Reich der Träume entschlummern.

UNSER TIP

Führen Sie ein „Zubettgeh-Ritual" ein. Tägliche Wiederholungen im Ablauf erleichtern Ihrem Kind den Ausklang des Tages. Lassen Sie Ihrem Kind dabei genügend Zeit. Kinder können nicht so schnell „abschalten" wie Erwachsene und brauchen deswegen etwas länger, bevor sie sich vom Tag verabschieden können.

Ein schönes Zubettgeh-Spiel empfiehlt Uli Geißler in seinem Buch „Spiel und Spaß zu Hause", erschienen im FALKEN Verlag. Beim „Zu-Bett-Summen" gehen die Eltern mit dem Kind in das Zimmer, das am weitesten von seinem Schlafzimmer entfernt ist. Dort werden dem Kind die Augen verbunden, und es muß sich den Weg in sein Bett suchen. Die Eltern helfen ihm dabei, indem sie summen. Ganz leise, wenn das Kind auf dem richtigen Weg ist, und lauter, wenn es dabei ist, sich zu verirren. Aufpassen müssen sie lediglich, daß sich das Kind nirgendwo stößt. Durch dieses Spiel, das für Kinder ab vier Jahren geeignet ist, wird dem Kind das Gefühl genommen, daß es ins Bett geschickt wird. Vielmehr spielt es sich zusammen mit seinen Eltern ins Bett. Diese Reise dorthin sollte aber bereits im Schlafanzug angetreten werden, denn sonst muß man das Kind am Ende des Spiels nochmals in die Wirklichkeit zurückholen.

Die Hektik unserer modernen Industriegesellschaft geht an manchen Kindern nicht spurlos vorbei. Sie sind leicht reizbar, und ihre Frustrationsschwelle sinkt ab. Sobald etwas nicht nach ihrem Willen geht, trotzen sie. Solche überdrehten Kinder lassen sich durch Strafen kaum bändigen. Spielen Sie in diesen kritischen Situationen mit Ihrem Kind lieber ein ruhiges Spiel, erzählen Sie ihm eine Geschichte, kuscheln Sie mit ihm, oder machen sie gemeinsam eine Yogaübung. Schaffen Sie in Ihrem Heim eine ruhige und gemütliche Stimmung – dies überträgt sich mit Sicherheit auf Ihr Kind. Schnell wird es ruhiger und ausgeglichener werden.

Gute Planung gegen Trotz

Unter dem Motto „Gefahr erkannt, Gefahr gebannt", lassen sich viele potentielle Trotzsituationen durch Voraussicht entschärfen. Eine gute Tagesplanung erfordert zwar etwas Überlegung, spart aber viele Nerven.

Dazu ein paar Beispiele:

Wenn Sie wissen, daß Sie in fünf Minuten das Haus verlassen müssen, sollten Sie mit Ihrem Kind kein neues Spiel mehr beginnen. Andernfalls wird es fertigspielen wollen und sich Ihren

Aufbruchsplänen widersetzen.
Bevor sie sich auf den Weg zum Spielplatz machen, überprüfen Sie, ob alle „wichtigen" Spielsachen dabei sind. Haben Sie den geliebten Bagger zu Hause vergessen, dürfen Sie sich nicht wundern, wenn Ihr Kind mit Enttäuschung reagiert und sich in einen Trotzanfall hineinsteigert.
Ihr Kind soll um sieben Uhr ins Bett? Dann sollten Sie auch nicht zehn Minuten vor sieben beginnen, mit ihm Fernsehen zu schauen. Nur ungern wird es den gemeinsamen „Fernsehabend" mit Ihnen unterbrechen und sich ins Bett schicken lassen, wo es doch gerade gemütlich wird.
Mit etwas Gespür werden Sie schnell feststellen, in welcher Lage Ihr Kind besonders trotzanfällig ist. Mit Voraussicht und etwas Planung können Sie viele dieser kritischen Situationen vermeiden.

„Guten Morgen!"

Schon das Aufstehen am Morgen beginnt in vielen Familien mit einem Trotzanfall. Obwohl die Eltern es eilig haben, kommt das Kind nicht aus dem Bett und trödelt herum. Treibt man es an, protestiert es heftig und trotzt. Recht hat es! Denn hier liegt der Fehler nicht bei ihm, sondern bei den ungeduldigen Eltern. Klar: Am Morgen hat man nicht viel Zeit, man muß pünktlich zur Arbeit, die Kinder im Kindergarten oder der Schule abliefern, und vielleicht hat man schon in aller Frühe einen Arzttermin. Das Kind kann aber all dies nicht wissen und hat ein Recht auf seinen eigenen Aufwachrhythmus. Wie bei uns Erwachsenen gibt es auch bei Kindern Frühaufsteher und Langschläfer.
Wenn man ein „Murmeltier" zum schnellen Aufstehen zwingt, braucht man sich nicht zu wundern, wenn es sich wehrt und trotzig wird. Umgekehrt verlangt ein Frühaufsteher auch am Morgen schon Beachtung. Er ist aktiv und will am liebsten schon mit den Eltern spielen. Er wird sich dann kaum ohne Protest zur Morgentoilette ins Bad abschieben lassen.
Egal ob Langschläfer oder Frühaufsteher – Ihr Kind verlangt am Morgen von Ihnen Aufmerksamkeit. Bekommt es die, wird es während des Tages weniger trotzanfällig sein.

Ein Kleinkind braucht am Morgen Ihre Aufmerksamkeit

UNSER TIP

Wie am Abend beim Zubettgehen, sollten Sie mit Ihrem Kind auch am Morgen beim Aufstehen einem bestimmten Ritual folgen. Nehmen Sie sich dafür Zeit, und widmen Sie sich dem Kind ausführlich. Hektik ist fehl am Platz! Wenn Sie Ihr Kind am Morgen liebevoll begrüßen, kann es den Tag wesentlich entspannter und ausgeglichener beginnen. Trotzanfälle während des Tages werden dann seltener. Der Nachteil für die Eltern: Um am Morgen genügend Zeit für die Kinder zu haben, müssen sie eine halbe Stunde früher aus den Federn.

Die Vorzeichen erkennen

Nicht immer kommt ein Trotzanfall aus heiterem Himmel. Oft kann man schon an drohenden Vorzeichen, wie etwa einer weinerlichen Stimme oder einer bockigen Reaktion das Gewitter kommen sehen. Dann ist Ihr Einfallsreichtum gefragt! Versuchen Sie, das Kind auf andere Gedanken zu bringen – erzählen Sie ihm eine Geschichte, singen Sie ein Lied oder überrumpeln Sie es mit einem Scherz. Packen Sie es und rennen schnell mit ihm in ein anderes Zimmer, oder spielen Sie Flugzeug oder Hubschrauber mit ihm und wirbeln es herum. Lassen Sie das Kind vergessen, daß es eigentlich trotzen wollte. Je kreativer und „verrückter" Sie reagieren, desto größer sind die Chancen, daß es ohne Trotzanfall abgeht.

Wenn Sie die Vorzeichen einer Trotzreaktion rechtzeitig erkennen, können Sie Ihr Kind oft noch gut davon ablenken

Weg mit der Vase!

Machen Sie doch einmal einen Rundgang durch Ihre Wohnung. Es gibt dort sicher eine wertvolle Vase, die auf dem kleinen Tischchen steht, eine nagelneue Stereoanlage im Regal, weiße Polstermöbel und noch einiges mehr, was Ihnen lieb und teuer ist. Kinder haben aber keine Vorstellung davon, was wertvoll ist. Für sie sind diese Gegenstände einfach interessant. Die Stereoanlage hat viele Knöpfe, die zum Herumdrücken einladen. Die Polstergarnitur bietet sich zum „Draufrumhüpfen" an, und bei der Vase ist es spannend zu beobachten, wie sie zu wakkeln beginnt, wenn man sie anschubst. Damit Sie Ihren Kindern nicht ständig hinterherrennen und sie davon abhalten müssen, „interessante" Dinge zu erforschen, sollten Sie Wertvolles und Liebgewonnenes in für Kinder unerreichbaren Regionen verstauen. Die weiße Polstergarnitur sollten Sie für einige Zeit mit einem waschbaren Überzug schützen. Dann sieht sie zwar nicht mehr ganz so schick aus, doch Sie ersparen sich viel Zeit und Ärger. Tapeten und Vorhänge sind ebenfalls bevorzugte Spielobjekte für Kinder. Im Alter von drei Jahren experimentieren sie viel mit Farben, und Tapeten bieten sich als Leinwand scheinbar ideal an. Es soll Eltern geben, die dazu bereit sind, ihre Wände von den Kindern bemalen zu lassen. Sind Sie es nicht, so erklären Sie Ihrem Kind, daß es dort nicht hinmalen darf. Legen Sie ihm stattdessen ein Blatt auf den Boden, auf das es malen darf. Man kann auch große Blätter an die Wand kleben, auf die es dann nach Herzenslust „kritzeln" kann. Aber Achtung: Kleine Kinder haben oft noch Schwierigkeiten, den Unterschied zwischen Papier und Tapete zu erkennen.

Kapitulation als Nervenmittel

Kindlicher Trotz ist – wie schon erwähnt – ein Mittel, um sich gegen die Herrschaft der Erwachsenen zu wehren. Die Eltern verbieten etwas, das Kind trotzt – ein scheinbar undurchbrechbarer Kreislauf. Wenn man Verbote immer konsequent durchsetzen will, erfordert dies viel Geduld und noch mehr Nerven. Bei weniger wichtigen Dingen kann man sich durch eine bedingungslose Kapitulation viel Aufregung sparen (siehe dazu auch das Kapitel „Warum ist das verboten?" auf Seite 42).

Ein Vater erzählt:

„Unsere neue Massivholz-Eckbank war erst wenige Stunden alt, als sich unsere dreijährige Tochter in einem unbeobachteten Moment mit oranger Wachsmalkreide daran machte, das Möbelstück zu ‚verschönern'. Das Ergebnis konnte sich sehen lassen. Nur an einigen Stellen konnte man noch erkennen, daß es sich bei dem Möbelstück um eine Holzbank handelte. Wir erklärten ihr immer wieder, daß sie so etwas nicht tun darf. Doch sie hat ‚ihre Bank' immer wieder bemalt. Nach einiger Zeit haben wir aufgehört, uns zu ärgern und versuchten auch nicht mehr, die Malspuren zu beseitigen. Dadurch wurde die Bank zwar nicht schöner, wir hatten aber zumindest unseren Seelenfrieden wieder. Jetzt, mit fast fünf Jahren hat unsere Tochter ihre Malversuche abgeschlossen, und wir überlegen ernsthaft, ob wir die Bank abschleifen und neu streichen sollen ... Aber inzwischen ist unser jüngster Sohn 18 Monate alt, und wer weiß, ob er nicht bald auch seine künstlerische Ader entdeckt."

Manchmal hilft nur noch das Motto „Der Klügere gibt nach"

Noch fünf Minuten

Wenn Kinder spielen, tauchen sie in eine eigene Welt ein, aus der sie sich nur ungern wieder zurückholen lassen. Wie viel dem Kind das Spiel bedeutet, können Eltern meist nur schlecht nachvollziehen. Deshalb denkt sich der Vater nichts Böses, wenn er ins Zimmer platzt und dem Sprößling eröffnet, daß man sofort zum Einkaufen fahren müsse. Doch der wird wahrscheinlich nur mit Widerspruch und Geschrei reagieren. **Kluge Eltern kündigen deshalb ihren Kindern immer frühzeitig ihre Pläne an und setzen ihnen eine Frist.** Wenn Sie diesen Tip in die Praxis umsetzen wollen und vor dem nächsten Einkauf im Kinderzimmer ankündigen: „In fünf Minuten gehen wir einkaufen", werden Sie aber kaum Erfolg haben. Auch nach Ablauf der Zeitspanne sitzt Ihr Kind mit Sicherheit immer noch am Boden und spielt. Kleinkinder haben kein Zeitgefühl und können nicht einschätzen, wie lang fünf Minuten sind. Stellen Sie deswegen lieber einen alten Wecker ins Kinderzimmer und sagen Ihrer Tochter oder Ihrem Sohn: „Du kannst weiter-

Kinder leben in ihrer eigenen Zeit: Minuten können sich zu Stunden dehnen oder in Sekundenschnelle verfliegen

spielen, bis der große Zeiger hier oben ist, dann klingelt der Wecker, und wir müssen einkaufen gehen."
Damit schlagen Sie zwei Fliegen mit einer Klappe. Dem Kind wird die Frist deutlich vor Augen geführt, und es wird von seinem Spiel abgelenkt. Schließlich ist es ja spannend zu beobachten, wie der Zeiger unaufhörlich weiterrückt, und zu hören, wie der Wecker klingelt. Geschickt ist es auch, den Wecker mit ins Spiel des Kindes einzubeziehen. Der Vater könnte beispielsweise fragen: „Kannst du schon selbst erkennen, wann der Wecker klingelt?" Das Kind wird dann immer wieder zum Wecker schauen und kurz vor Ablauf der Frist dem Vater Bescheid sagen.
Es empfindet den Wunsch des Vaters nicht mehr als Eingriff, sondern beschäftigt sich mit der neuen Aufgabe.

Der Kapitän geht auf die große Reise

Das Setzen von Fristen ist nicht die einzige Möglichkeit, ein Kind vom Spiel wegzulocken. Oft hilft es auch, das Spiel in den geplanten Tagesablauf zu integrieren.
Stellen Sie sich vor, Sie kommen ins Zimmer und Ihr Kind bastelt aus Legosteinen ein Schiff. Wenn Sie ihm jetzt befehlen aufzustehen und mitzukommen, wird es sich wahrscheinlich wehren, denn es hat sich so gefreut, mit seinem Schiff über die Meere zu segeln.
Fragen Sie Ihren Kapitän doch lieber, ob er genügend Proviant für seine Mannschaft hat, und machen Sie sich mit ihm zum Supermarkt auf, um dort Verpflegung zu kaufen. Versuchen Sie aber, das Spiel wirklich durchzuhalten – wenn schon nach dem Schuheanziehen von einer Seereise keine Rede mehr ist, wird Ihr Kind schnell bemerken, daß alles nur ein Trick war und wird entsprechend mit Trotz reagieren. Fahren Sie also diesmal nicht mit dem Auto zum Einkaufen, sondern segeln sie mit einer Galeere. Parken Sie nicht auf dem Kundenparkplatz, sondern laufen Sie in den Hafen ein, und schieben Sie auch keinen Einkaufswagen durch den Supermarkt, sondern rudern sie lieber mit dem Rettungsboot zwischen steilen Klippen hindurch. Ihrer Phantasie sind keine Grenzen gesetzt. Klar, daß der Kapitän beim Einkauf ein bißchen mitreden darf, denn er weiß ja schließlich am besten, was seine Mannschaft auf großer Fahrt alles braucht.

UNSER TIP

Je intensiver sich ein Kind mit etwas beschäftigt, desto leichter trotzt es, wenn man es unterbricht. Deshalb sollte man es nie abrupt aus seiner Tätigkeit herausreißen.

Wer die Wahl hat, hat die Qual

Läßt man kleinen Kindern die Alternative zwischen mehreren Möglichkeiten, sind sie oft überfordert; es fällt ihnen oft schwer, sich für oder gegen etwas zu entscheiden. Denn: Jedes Kind möchte am liebsten alles haben und machen. Entscheidet es sich aber für das eine, muß es auf das andere verzichten. Da es noch keine Zeitvorstellung hat, ist der Hinweis „Das kannst du später machen", kein Trost. Wann „später" ist, kann es sich nicht vorstellen, und deswegen empfindet es jeden Verzicht als etwas Endgültiges. Es kommt zu einem großen inneren Konflikt.

Vermeiden Sie es deshalb, Ihrem Kind mehrere Möglichkeiten zur Auswahl zu stellen. Fragen Sie beispielsweise nicht: „Möchtest du lieber noch spielen oder mit der Mama in die Stadt gehen?" Kündigen Sie lieber an: „In fünf Minuten müssen wir zum Einkaufen gehen." Wie Sie richtig Fristen setzen, haben Sie ja schon erfahren. Ganz junge Kinder zu Beginn des Trotzalters verstehen oft noch nicht, daß sich zwei Dinge gegenseitig ausschließen können. Würde man ihnen die oben genannte Frage stellen, würden sie mit einem deutlichen „Ja" antworten. „Ja, sie wollen weiterspielen" und „Ja, sie wollen mit der Mama einkaufen gehen". Da sie von den beiden versprochenen Alternativen aber nur eine machen dürfen, reagieren sie mit Enttäuschung. Selbstverständlich müssen Kinder auch lernen, Entscheidungen zu treffen. Je älter sie werden, desto mehr sollte man sie bei Dingen, die sie persönlich betreffen, selbst entscheiden lassen.

Stellen Sie Ihr Kind aber nur dann vor „die Qual der Wahl", wenn Sie genügend Zeit haben, die oben beschriebenen Konflikte abzufangen. Die Frage „Willst du heute die grüne oder die rote Hose anziehen?" sollten Sie beispielsweise nur stellen, wenn Sie einen ruhigen Vormittag ohne Termine vor sich haben. Wenn Sie aber in 10 Minuten an der Busstation sein müssen und schon im Mantel im Kinderzimmer stehen, setzten Sie mit einer solchen Frage Ihr Kind unter zu großen Druck. Es wird überfordert und reagiert mit Trotz.

UNSER TIP

Wenn Sie Ihrem Kind eine Entscheidung überlassen, müssen Sie auch bereit sein, diese zu akzeptieren. Das gilt auch dann, wenn Sie glauben, daß sich das Kind für die schlechtere Alternative entschieden hat.

Keine Machtkämpfe!

Auch wenn Ihr Kind trotzt und Sie selbst wütend sind, sollten Sie nicht auf einen Machtkampf mit ihm eingehen. Dadurch, daß Sie sich auf die Ebene des Kindes herablassen, schwächen Sie Ihre Position. Spürt das Kind erst einmal, daß es mit seinem Trotz bei Ihnen etwas erreicht, wird es sich seiner Macht bewußt und fordert immer mehr.

Sie sind stärker und mächtiger als Ihr Kind. Nutzen Sie diese Überlegenheit aber nicht dazu aus, Ihr Kind mit Gewalt in die Schranken zu weisen. Sprüche wie: „Dir werd' ich zeigen, wer der Herr im Haus ist!" oder gar Schläge sind in der Kindererziehung fehl am Platz. Klar: Sich zu beherrschen ist manchmal sehr schwer, denn manche Kinder fordern mit ihrem Trotz den Zorn der Eltern geradezu heraus. Bedenken Sie aber: Das Kind will Sie mit seinem Trotz nicht verletzen und denkt auch nicht an die Folgen seines Handelns.

Mit einer Drohung wie: „Wenn du nicht sofort kommst, hat dich die Mami nicht mehr lieb", lösen Sie bei Ihrem Kind existentielle Ängste aus. Es kann nicht abschätzen, wie ernst Ihnen die Drohung ist. Vermeiden Sie auch, das Kind zu beschimpfen und es etwa als „dumme Suse" oder „Blödmann" zu beleidigen. Ein Kind, dem man in jeder Konfliktsituation zeigt, wie schlecht und gemein es ist, entwickelt wenig Selbstbewußtsein.

Sprechen Sie lieber konkret die Reaktionen an, die es bei Ihnen auslöst. „Ich werde gleich furchtbar wütend, wenn du nicht herkommst", wäre im obengenannten Fall also die bessere Alternative.

UNSER TIP

Auch wenn es schwerfällt: Reagieren Sie ruhig, und versuchen Sie keinesfalls, das Kind zu überschreien oder es gar durch Gewalt „auf den rechten Weg" zu bringen. Machen Sie dem Kind deutlich, daß Sie mit seinem Verhalten nicht einverstanden sind, zeigen Sie ihm aber auch, daß Sie es trotzdem weiterhin lieben.

Versprechen halten

Kinder haben immer Wünsche. Die Eltern können, wollen und dürfen diese aber nicht immer erfüllen. Oft versuchen sie sich aus einer solchen Situation durch Versprechungen zu retten. *Mutter und Sohn stehen wieder einmal vor dem Süßigkeitenregal im Supermarkt. Wie schon so oft zuvor fordert der kleine Sven „seinen Lutscher". Diesmal aber hat sich die Mutter vorgenommen hart zu bleiben. Sie sagt: „Ich weiß, daß du den Lutscher willst. Aber ich kauf dir jetzt keinen, weil wir noch einen zu Hause haben. Und wenn wir zu Hause sind, bekommst du ihn."*

Eine kluge List – und wenn die Mutter Glück hat, wirkt sie sogar.

Allerdings: **Machen Sie nur Versprechungen, die sie auch halten können.** Wenn Sie wissen, daß zu Hause kein Lutscher mehr im Vorratsschrank liegt, versprechen Sie auch keinen! Durch ein nicht eingehaltenes Versprechen zerstören Sie das Vertrauensverhältnis zu Ihrem Kind. Beim nächsten Einkauf wird es auf Ihr Versprechen garantiert nicht mehr reagieren und weiter hartnäckig und lautstark den Lutscher fordern.

Konsequent bleiben

Das eben Gesagte gilt auch für angedrohte „Strafen". Überlegen Sie deshalb, bevor Sie eine Drohung aussprechen, ob Sie die ausgesprochene Strafe auch einhalten und durchziehen können. „Wenn du jetzt nicht mit dem Hämmern aufhörst, nehme ich dir den Hammer weg, und du bekommst ihn nie wieder!", ist eine Drohung, die Sie mit Sicherheit nicht wahrmachen können. In zwei Stunden ist der Streit begraben, und Sie geben Ihrem Kind den geliebten Holzhammer zurück. Das Kind bekommt eine falsche Vorstellung von „nie wieder"; es meint, „nie wieder" sei „bald", „noch vor dem Schlafengehen" oder „nach dem Abendessen".

Wenn Ihr Kind mit dem Holzhammer die neue Tischplatte malträtiert, sagen Sie lieber in ruhigem Ton: „Ich möchte nicht, daß du mit dem Hammer auf den Tisch schlägst, der geht nämlich sonst kaputt. Du kannst hier auf das Kissen klopfen, oder ich nehme dir den Hammer weg. Du bekommst ihn dann wieder, wenn du dich beruhigt hast."

Das Kind versteht wahrscheinlich noch nicht sofort, was Sie damit meinen. Aber es merkt, daß es Ihnen ernst ist und daß es einen Grund dafür gibt, wenn Sie Ihre Drohung wahrmachen. Es wird im ersten Moment natürlich noch lauter brüllen und versuchen, den Hammer wiederzubekommen. In dieser Situation dürfen Sie aber keinesfalls entnervt den Hammer zurückgeben. Nur wenn Sie „hart" bleiben, wird das Kind mit der Zeit verstehen, daß es Sie und Ihre Befehle ernstnehmen muß.

Konsequenz in der Erziehung gibt dem Kind Richtlinien, an denen es sich orientieren kann

Hinaus in die Welt!

In der heutigen Zeit stellen die meisten Eltern ihr Kind in den Mittelpunkt des Lebens. Das Kind läuft nicht nebenher und muß sich auch nicht bedingungslos dem Leben der Erwachsenen unterordnen. Es wird als Persönlichkeit anerkannt. Die Bindung zwischen Eltern und Kind ist wesentlich enger, als sie vor wenigen Jahrzehnten war. Durch den Verlust der Großfamilie ist sie allerdings nicht nur enger, sondern auch ausschließlicher. Neue Erfahrungen machen Kleinkinder heute meist nur noch zusammen mit Vater und Mutter. Dies ist zwar an sich nicht schlecht, birgt aber auch eine nicht zu unterschätzende Gefahr.

Es entsteht eine sehr intensive Bindung zwischen Mutter (bzw. Vater) und Kind. Aus dieser Intensität erwachsen aber unweigerlich Konflikte im täglichen Zusammenleben. Der Wechsel von Nähe und Distanz, der auch zwischen Mutter und Kind (bzw. Vater und Kind) stattfinden muß, bleibt aus. Die beiden schmoren zu

Soziale Kontakte zu Gleichaltrigen und anderen Erwachsenen sind für die Kinder sehr wichtig

lange „im eigenen Saft". Deswegen ist es sehr wichtig, Abwechslung in diese Ausschließlichkeit der Beziehung zu bringen.

Machen Sie aus Ihrem Kind kein Hauskind, sondern gehen Sie schon frühzeitig mit ihm unter Menschen. Dazu gibt es vielfältige Möglichkeiten: Mutter-Kind-Gruppen, Stillgruppen, Kinderturnvereine oder auch ein Mutter-Kind-Café gibt es fast in jeder Stadt. Wo solche organisierten Treffpunkte nicht existieren, sollte man sich zumindest regelmäßig mit anderen Müttern/Vätern zum Spielen verabreden. Dann haben Sie die Möglichkeit, Erfahrungen auszutauschen, und Sie werden feststellen, daß nicht Sie allein Probleme mit der Kindeserziehung haben.

Für Ihr Kind ist der Umgang mit anderen Kindern und Erwachsenen wichtig, um seine sozialen Fähigkeiten zu schulen. Unter anderem lernt es dadurch, Konflikte zu lösen und sich in einer Gruppe einzugliedern.

Freiräume schaffen

Irgendwann wird auch der geduldigsten Mutter ihr Kind zuviel! Das ist völlig normal und kein Anlaß für ein schlechtes Gewissen. Schon eher sollte es der Anstoß dazu sein, sich jemanden zu suchen, bei dem man sein Kind für ein paar Stunden abgeben kann. Auch Mütter (und erziehende Väter) haben das Recht auf ein eigenes Leben und auf Zeiten, in denen sie nur für sich selbst da sind. Bringen Sie Ihr Kind ruhig einmal bei einer Nachbarin oder der Oma vorbei und gönnen sich einen schönen Stadtbummel oder einen Kaffeeklatsch mit der Freundin. Besuchen Sie mit Ihrem Partner eine Kino- oder Theatervorstellung, gehen Sie schwimmen oder in die Sauna, oder bleiben Sie einfach zu Hause (in der ruhigen Wohnung!) und lesen ein Buch. Dieser „Erholungsurlaub" tut nicht nur Ihnen gut, sondern auch Ihrem Kind. Es erlebt Sie danach ausgeglichener und weniger gereizt, und das wirkt sich garantiert auch auf seine Laune positiv aus.

UNSER TIP

Wenn Ihnen die Decke auf den Kopf fällt und wieder mal dicke Luft ist, machen Sie sich auf den Weg zum nächsten Park – egal bei welchem Wetter. Die Abwechslung tut gut und entspannt die Situation zu Hause.

Außerdem stellen die Ausflüge zur Oma oder zur Tante schon bald spannende Abenteuer dar. Denn: Wie auch

Sie nicht ausschließlich mit Ihrem Kind herumsitzen wollen, will auch Ihr Kind mal andere Gesichter sehen. Das Thema Kindergarten bzw. Kindertagesstätte wurde bereits besprochen und soll hier nicht noch einmal behandelt werden.

Nach eins kommt zwei

Erleichtert wischt sich der Vater die Schweißperlen von der Stirn, denn endlich ist der Trotzanfall seines dreijährigen Sohnes Martin vorbei. Doch noch bevor der Vater das Taschentuch zurück in die Hosentasche gesteckt hat, brüllt Martin schon wieder los.

Nach einem Trotzanfall sind kleine Kinder geschwächt und immer noch aufgeregt. In einer solchen Situation kann schon die kleinste Kleinigkeit einen Rückfall provozieren. Für die Eltern heißt es deswegen besonders wachsam zu sein und auf Trotzsignale sofort zu reagieren. Kreative Ablenkung ist jetzt besonders wichtig.

Der Papi macht das auch

Vieles lernen Kinder durch Nachahmung. Eltern dürfen deswegen nicht selbst tun, was sie ihren Kindern verbieten. Wie das durchzuhalten ist, und welche Ausnahmen es von dieser Regel gibt, erfahren Sie in den folgenden Kapiteln.

Vorbild sein

„Wie der Vater, so der Sohn", oder „Ganz die Mutter" – Aussprüche wie diese haben Sie in Ihrer eigenen Kindheit sicher auch tausendmal gehört. Kinder ähneln ihren Eltern nicht nur äußerlich, sondern oft auch in ihren charakterlichen Eigenschaften.
Dies kommt nicht von ungefähr, denn **ein Kind lernt vor allem durch das Nachahmen von Vorbildern.** Schon von Anfang an orientiert es sich an dem, was es sieht und hört. Als Eltern sind Sie die wichtigsten Kontaktpersonen für Ihre Kinder und deswegen auch deren größte Vorbilder. Besonders der gleichgeschlechtliche Elternteil ist in dieser Lebensphase das große Vorbild. Der Sohn will so werden wie der Vater, und die Tochter eifert der Mutter nach. Der Papa ist nach Ansicht des Sohnes der „stärkste Mann der Welt" und die Mama in den Augen der Tochter „die Schönste von allen".
Deshalb: Beobachten Sie ihr eigenes Konfliktverhalten. Reagieren Sie übermäßig gereizt in Streßsituationen? Brüllen Sie gleich los, wenn Ihnen etwas nicht paßt? Schlagen Sie schon

Uneinigkeit in Erziehungsfragen muß unter vier Augen geklärt werden

einmal zu, wenn es Ihnen zuviel wird? Wenn dem so ist, dürfen Sie sich nicht wundern, wenn auch Ihr Kind seine Wünsche durch aggressives Verhalten durchsetzen will. Ihre Taten gelten ihm unterbewußt als Maßstab für sein eigenes Handeln.

Je vernünftiger Sie in Konfliktsituationen reagieren, desto vernünftiger wird dies in der Regel auch Ihr Kind tun. Wichtig ist auch, daß Sie selbst die von Ihnen gesetzten Regeln einhalten. Wenn Sie von Ihrem Kind Ehrlichkeit erwarten, sich vor seinen Augen aber am Telefon verleugnen lassen oder unter einem Vorwand den Besuch bei Bekannten absagen, lernt es, daß man es mit dem Einhalten von Regeln nicht so genau nehmen muß. Es wird seinem Vorbild nacheifern und auch selbst hie und da nicht ganz die Wahrheit sagen. Sollen einige Regeln ausdrücklich nur für die Kinder gelten (zum Beispiel Fernsehverbot), müssen Sie dies von Anfang an ausdrücklich klarstellen.

Einigkeit macht stark!

„Beim Papa darf ich das aber!", dieser Satz ist die Wunderwaffe vieler Kinder, die sich über Verbote ihrer Mutter hinwegsetzen wollen. Umgekehrt wird oft die „liebe Mami" zitiert, wenn der Papa irgendetwas verbietet. Gibt der „böse Elternteil" in einer solchen Situation nicht nach, reagiert das Kind oft mit Trotz und fordert mit Geschrei und Gezeter sein vermeintliches Recht ein. **Lassen Sie es nie soweit kommen, daß Ihr Kind Sie gegen Ihren Partner ausspielen kann.** Deswegen ist es wichtig, daß Sie Ihren Erziehungsstil aufeinander abstimmen und sich darüber einig sind, was das Kind darf und was nicht. Nur so erkennt es, welche Regeln in der Familie gelten.

Differenzen über den richtigen Erziehungsstil dürfen nicht vor dem Kind ausgetragen werden. Auch wenn Sie glauben, daß sich Ihr Partner falsch verhält, halten Sie sich in Anwesenheit des Kindes mit Kritik zurück. Uneinigkeit über Erziehungsfragen muß in aller Ruhe unter vier Augen geklärt werden.

Sobald das Kind feststellt, daß die Eltern untereinander nicht einig sind, verlieren deren Anweisungen an Gewicht. Im Zweifelsfall kann es sich ja immer auf den anderen Elternteil berufen.

Wichtig auch: Setzen sie das Kind nie als Waffe bei Partnerschaftskonflikten ein! Streitende Ehepartner machen oft den Versuch, die Kinder durch besondere Nachgiebigkeit auf ihre Seite zu ziehen. Oft gelingt dies auch – langfristig aber rächt sich ein solches Verhalten. Hat das Kind erst einmal erkannt, daß es seine Zuneigung als Waffe einsetzen kann, wird es versuchen, damit in Zukunft Vorteile einzuhandeln.

Ganz davon abgesehen, dürfen Eltern ihre Kinder niemals dazu zwingen, sich für einen von ihnen zu entscheiden. Dies würde das Kind, das ja beide Elternteile liebt, in einen schweren Konflikt stürzen.

Getrennte Partner – Unterschiede dürfen sein

Das im letzten Kapitel Gesagte kann nur für Eltern gelten, die ihre Kinder gemeinsam großziehen. Bei getrennt Lebenden oder Geschiedenen ist dies schon schwieriger. Meist kann man sich über die großen gemeinsamen Erziehungsziele mit dem Partner noch einigen. Bei den vielen Kleinigkeiten des alltäglichen Lebens ist dies nicht immer möglich. Manche Mutter fühlt sich verletzt oder angegriffen, wenn der Sohn vom Wochenende beim Papa nach Hause kommt und sagt: „Beim Papa ist es viel schöner. Da darf ich sogar am Abend noch fernsehschauen. Der ist viel lieber als du!" Obwohl Sie zu diesem Thema eine klare Absprache mit Ihrem Kind getroffen haben, probiert es aus, ob es bei Ihnen nicht das gleiche durchsetzen kann wie bei Ihrem geschiedenen Partner. Geben Sie nach, so hat Sie das Kind in der Hand. Nur weil es jetzt auch bei Ihnen fernsehen darf, wird es aber nicht glücklicher. Im Gegenteil: Es verliert auch hier den Halt und erkennt nicht, wo die Grenzen sind. Deshalb: **Sprechen Sie mit Ihrem Kind klar die Grenzen an, die bei Ihnen zu Hause gelten.** Lassen Sie aber auch dem anderen Elternteil die Freiheit, eigene Regeln aufzustellen, auch wenn sie nicht Ihren Vorstellungen entsprechen. Es ist wichtig für das Kind, daß Sie den anderen Elternteil mit Respekt behandeln, dann wird auch das Kind die unterschiedlichen Erziehungsstile respektieren.

Auch wenn die Großeltern die Kinder zu sehr verwöhnen, sollten Sie tolerant sein. Ihr Kind wird schnell verstehen, daß bei der Oma und dem Opa die Grenzen um einiges weiter gesteckt sind als bei Ihnen zu Hause. Machen Sie dem Kind klar, daß es sich hier um Unterschiede handelt, die Sie akzeptieren. Machen Sie ihm aber auch klar, daß dies keine Konsequenzen für die Regeln zu Hause hat.

Auch wenn Oma und Opa dem geliebten Enkelkind jeden Wunsch von den Augen ablesen, gelten zu Hause eigene Regeln

Grenzen setzen – aber richtig

Einerseits kommen Eltern kaum ohne Verbote bei der Kindererziehung aus, andererseits sind Verbote oft Reibungspunkte, die Trotzanfälle verursachen. Eltern, die „richtig" verbieten können, können dem Trotz aber ein Schnippchen schlagen.

Das darfst du nicht!

„Nein Maya, nicht mit den Händen in die Suppe – dafür gibt es doch einen Löffel." Maya hat gerade versucht, die Nudeln mit den Fingern aus dem Teller zu fischen. Jetzt setzt sie an und will mit der flachen Hand in den Teller hauen, so wie sie es am Nachmittag im Sandkasten mit dem Matsch gemacht hat. Das hat so toll gespritzt. Im letzten Augenblick kann die Mutter ihren Arm festhalten. „Nein, das darfst du nicht mit der Suppe machen, das gibt doch eine Riesensauerei. Jetzt hörst du mit dem Gepansche auf und ißt anständig." Maya schaut die Mutter an und grinst. Im nächsten Augenblick versucht sie, ihre Faust ins Trinkglas zu stopfen. Wieder bemerkt es die Mutter und sagt: „Nein, Maya, nicht die Hand ins Glas. Jetzt ist aber Schluß!" Sie nimmt ihr das Glas weg. Maya protestiert und schreit: „Mein Glas – will was trinken. Ich will was trinken!" Sie wirft sich in ihrem Hochstuhl hin und her und versucht, nach dem Glas zu greifen. Die Mutter stellt es außer Reichweite auf den Tisch und sagt: „Erst wenn du deine Suppe ordentlich gegessen hast, kannst du dein Glas wieder haben." Maya schreit und klopft mit den Füßen gegen den Tisch. Sie strampelt und fuchtelt mit den Armen, dabei stößt sie an den Teller, der mit großem Krach zu Boden fällt. Die Suppe läuft über den Boden, der Teller ist zerbrochen, das Kind brüllt, und die Mutter ist verzweifelt.
„Wie", so fragt sich die Mutter, „kann ich meinem Kind begreiflich machen, daß die Suppe zum Essen und nicht zum Spielen da ist?"
„Warum", so denkt sich das Kind, „darf ich mit dem, was auf dem Tisch steht, nicht das gleiche machen wie mit den Spielsachen im Sandkasten? Das hat doch auch der Mama so viel Spaß gemacht."

Die schönen glitschigen Nudeln im Teller sind für Ihr Kind ein ebenso interessantes Spielzeug wie die Plastikschaufel oder der Spielzeugeimer. Für Kinder ist es ein sehr mühsamer Lernprozeß, bis sie begriffen haben, warum sie mit manchen Dingen etwas machen dürfen, was mit anderen verboten ist.
Abstrakte Argumente wie: „Ich mag es nicht, wenn du mit dem Essen spielst, weil es so viele Menschen gibt, die Hunger leiden!", wird Ihr Kind nicht verstehen. Phantasievolle Ablenkung verspricht da schon größere Erfolge.

UNSER TIP

Stellen Sie Ihrem Kind einen eigenen Teller hin, drücken Sie ihm einen Löffel in die Hand, und geben Sie eine Kleinigkeit von dem Essen in den Teller. Von einem anderen Teller aus, außer Reichweite des Kindes, füttern Sie so ganz nebenbei das Kind. Lassen Sie es tun, wozu es Lust hat, und es wird ganz zufrieden – ohne es zu merken – seine Suppe oder seinen Brei aufessen.

Das machst du jetzt!

Es gibt vieles, was sie nicht will, die Lotta. Medizin will sie nicht nehmen, aber sie muß, wenn sie krank ist. In der vorigen Woche hatte Lotta Husten, und da wollte Mama, sie sollte Hustenmedizin nehmen. Aber Lotta kniff nur den Mund zusammen und schüttelte immerzu den Kopf. „Du bist ein bißchen dumm, Lotta", sagte Jonas. „Ich bin gar kein bißchen dumm", sagte Lotta. „Doch, du willst keine Hustenmedizin nehmen, und darum bist du dumm", sagte Jonas. „Wenn ich Medizin nehmen muß, dann beschließe ich selber, daß ich sie nehmen will, und dann nehme ich sie auch."

Wie Lotta aus Astrid Lindgrens Krachmacherstraße geht es vielen Kindern. Immer ist da jemand, der weiß, was gut für sie ist – nie dürfen sie machen, was sie für richtig halten.
„Geh und hol dir ein Taschentuch!", „Räum endlich dein Zimmer auf!", „Mach endlich die Türe zu!". Würde man einem Erwachsenen solche Befehle erteilen, würde er sich mit Sicherheit dagegen wehren und sagen: „Ich entscheide, wann ich die Nase putze, das Zimmer aufräume oder die Türe schließe." Einem Kind aber gibt man solche Anweisungen, weil man davon ausgeht, daß es (noch) nicht selbst entscheiden kann. In vielen Fällen trifft dies auch zu. Allerdings verfällt man als Erwachsener leicht der Versuchung, dem Kind mehr vorschreiben zu wollen, als notwendig wäre. Die Lösung für ein Problem wird dem Kind oft schon mitgeteilt, bevor es sich überhaupt bewußt ist, daß ein Problem besteht. Es muß sich dem Willen der Eltern unterwerfen und bekommt so das Gefühl, daß seine eigenen Bedürfnisse nicht so wichtig sind bzw. sein Verhalten nicht akzeptiert wird. Gegen diesen Eingriff in sein Leben reagiert das Kind häufig mit Trotz. Der äußert sich nicht immer in lautem Geschrei und Gezeter, oft äußert das Kind seinen Widerstand auch durch Bockigkeit und stille Verweigerung.

Machen Sie dem Kind ein Problem erst einmal bewußt, bevor Sie eine Lösung vorschlagen

Sinnvolle Verbote aussprechen

Verbote als Selbstzweck machen keinen Sinn. Mit jeder Einschränkung nehmen Sie Ihrem Kind die Möglichkeit, Erfahrungen zu machen. Aber natürlich kann man Kinder nicht alles selbst ausprobieren lassen. Die Erfahrung, wie weh eine heiße Herdplatte tut oder wie schmerzhaft ein Sturz aus dem Fenster ist, werden alle Eltern ihren Kindern ersparen wollen. Dies darf aber nicht dazu führen, daß man Kinder zu „Hasenfüßen“ erzieht. Man sollte sie vielmehr bewußt an gefährliche Situationen heranführen und ihnen den richtigen Umgang damit beibringen. Wenn Ihr Kind unbedingt auf die so schön rot leuchtende Herdplatte fassen will, genügt es nicht, wenn Sie es ihm mit den Worten „Das darfst du nicht!“ verbieten. Ein bloßes Verbot macht ihm die Gefährlichkeit seines Vorhabens nicht klar. Nehmen Sie besser die Hand des Kindes und führen sie langsam in Richtung Herdplatte und sagen: „Hier ist es sehr heiß, und wenn du dort hinfaßt, tut das ganz arg weh.“ Das Kind lernt so zu verstehen, daß mit heißen Herdplatten nicht zu spaßen ist und die Eltern das Verbot nicht grundlos aussprechen.

Verbotslawinen vermeiden

Als Eltern schaffen Sie durch Verbote für das Kind einen Rahmen, in dem es sich entwickeln kann. Die Grenzen dürfen aber nicht willkürlich gezogen werden.

Verbote müssen sinnvoll und für das Kind nachvollziehbar sein. Wenn Sie Ihrem Kind beispielsweise verbieten, die Katze am Schwanz zu ziehen, hat dies seinen Grund, und das Verbot wird wahrscheinlich auch Ihr Kind verstehen können. Wenn Sie ihm aber untersagen würden, mit seinem Teddy zu spielen, wäre dies nur schwer vermittelbar.

Je mehr solcher sinnlosen Verbote in einer Familie herrschen, desto mehr wird sich das Kind an ihnen reiben und desto mehr Trotzanfälle können ausgelöst werden. Verbote schaffen auch Reize, das Kind fühlt sich aufgefordert, das Untersagte heimlich zu tun.

Durch ein Übermaß an Einschränkungen wird es zudem mehr und mehr verunsichert, und es traut sich selbst bald nichts mehr zu.

Glaubwürdig sind Verbote nur dann, wenn sie auch eingehalten werden müssen. Untersagen Sie Ihrem Kind deswegen nur etwas, wenn Sie die Einhaltung auch durchsetzen können. Andernfalls nimmt es an, daß Verbote nicht unbedingt befolgt werden müssen.

Wichtige Verbote erkennt und akzeptiert ein Kind nur dann, wenn es nicht den ganzen Tag mit Verboten überhäuft wird. Deshalb sollten Eltern ihren Verbotskatalog immer wieder einer Überprüfung unterziehen und sich fragen: Welche sind noch wirklich notwendig und auf welche kann man in Zukunft verzichten?

UNSER TIP

Weniger Verbote aussprechen, auf deren Einhaltung aber konsequent achten!

Warum ist das verboten?

Es gibt unterschiedliche Gründe, warum Eltern ihren Kindern etwas verbieten. Nicht alle sind gleich wichtig, und manchmal könnte man auch auf ein Verbot verzichten.

In vielen Familien bürgern sich manche Verbote ein, ohne daß man hinterfragt, ob sie wirklich immer noch notwendig sind. Die folgende Liste ist ein Versuch, etwas Ordnung in das Verbotschaos zu bringen:

1. Das darfst du nicht, weil es zu gefährlich ist.
Zum Beispiel: Über die Straße laufen, nicht auf das Fensterbrett klettern (auch bei geschlossenen Fenstern), nicht in der Steckdose herumspielen, nicht mit spitzen Gegenständen hantieren, keine Tüten über den Kopf stülpen, nicht mit harten Gegenständen anderen Kindern auf den Kopf schlagen und so weiter.
Hält sich ein Kind nicht an diese Verbote, muß man hart und konsequent sein, auch wenn es schreit und tobt. Mit der Zeit lernt es einzuschätzen, was gefährlich ist und was nicht.

2. Das darfst du nicht, weil etwas kaputtgeht bzw. kaputtgehen kann.
Zum Beispiel: Teller auf den Boden schmeißen, Seiten aus den Büchern reißen, auf dem teuren Teppich Eis essen, mit Papas Computer spielen und so weiter.
Es ist wichtig, daß ein Kind lernt, daß Dinge einen bestimmten Wert haben. Deswegen sollte man auch hier strikte Grenzen setzen.
Allerdings sind bewußte Ausnahmen möglich: Man kann dem Kind einen alten ausgelesenen Roman zum Spielen (also auch zum Zerreißen) geben, oder man kann es mit altem Geschirr spielen lassen. Machen Sie aber immer klar, daß es sich dabei um Ausnahmen handelt!

Wenn Ihnen das nicht mit dem neuen Roman passieren soll, muß Ihr Kind ganz klar wissen, was es „untersuchen" darf und was nicht

Welche Verbote sind Ihnen wirklich wichtig, welche nicht?

3. Das darfst du nicht, weil ich es nicht für richtig halte.
Zum Beispiel: Fernsehschauen, mit Spielzeugpistolen spielen, andere Kinder schlagen und so weiter.
Viele Eltern wollen das, was sie für richtig halten, schon früh an ihre Kinder weitervermitteln. Kleinkinder haben aber meist Schwierigkeiten, den intellektuellen Hintergrund der Verbote zu verstehen und reagieren deswegen oft mit Trotz. Schließlich darf das Nachbarmädchen doch auch fernsehen und mit Spielzeugpistolen spielen. Kindern klarzumachen, daß Sie andere Grenzen setzen als die Nachbarn, ist schwer und kann nur gelingen, wenn Sie konsequent bleiben. Stehen Sie zu dem, was Sie an Regeln und Grenzen aufstellen, auch wenn Ihre Kinder „es blöd finden", oder Ihre Nachbarin verblüfft fragt: „Was, das dürfen Deine Kinder nicht? Meine dürfen das schon." Was für andere Kinder in anderen Familien gilt, muß nicht unbedingt in Ihrem Haus und Ihrer Verantwortung gelten. Mit der Zeit lernen die Kinder, unterschiedliche Regeln verschiedenen Personen und Situationen zuzuordnen.
Doch: Überlegen Sie genau, wie wichtig Ihnen solche Verbote sind, und beschränken Sie sie auf ein Mindestmaß.

4. Das darfst du nicht, weil ich es nicht mag.
Zum Beispiel: Den Küchenschrank ausräumen, beim Abspülen „helfen", selber essen und so weiter.
Ein Dutzend Kochtöpfe vom Küchenfußboden zurück in den Schrank zu räumen, die vollgespritzte Küche zu putzen oder die Nudeln vom Fußboden aufzusammeln, ist nicht angenehm. Trotzdem sollten Sie hier kompromißbereit sein. Kinder sollen und müssen Erfahrungen machen, und dies gelingt nur, wenn sie Dinge auch ausprobieren dürfen.
Aber auch Eltern haben ein Recht auf Entspannung. Wenn Sie nach einem anstrengenden Tag keine Lust mehr auf Küchenputz haben, dürfen Sie Ihrem Kind ohne schlechtes Gewissen auch mal das Spielen mit den Töpfen oder das „Helfen" beim Abwasch verbieten. Solche Verbote schaden Ihrem Kind nicht, sondern lehren es, auf die Interessen und Bedürfnisse anderer Rücksicht zu nehmen.

5. Das darfst du nicht, weil man es nicht tut.
Zum Beispiel: Mit einer löchrigen Jeans in den Kindergarten gehen, keinen Höflichkeitsknicks machen, wenn Besuch kommt und so weiter.
In jeder Gesellschaft gibt es eine ganze Reihe von Normen, die die Erwachsenen einhalten müssen. Man geht nun mal nicht im Bademantel ins Büro, trägt keine Bergstiefel zum Abendkleid und schenkt der Schwiegermutter auch keinen Strauß Mohrrüben zum Geburtstag. Normen sind eine Verhaltenserwartung an den Einzelnen – logische Gründe, warum Normen so und nicht anders sind, gibt es jedoch nicht.
Kindern fällt es besonders schwer, die „unsinnigen Gesetze" der Erwachsenen zu verstehen und zu akzeptieren. Wenn Sie bei dieser Art von Verboten tolerant sind und die Grenzen großzü-

gig ziehen, ersparen Sie Ihren Kindern viel Frust und sich einige Nerven. Keine Angst: Auch wenn Sie hier mit Verboten etwas großzügig umgehen, wird Ihr Kind zu keinem „gesellschaftlichen Außenseiter", der sich nicht zu benehmen weiß. Der Gruppendruck, den es später erfährt, ist so groß, daß es sich ganz ohne Ihr Zutun an die Normen der Gesellschaft anpaßt. Und so schlimm ist es doch wirklich nicht, wenn Ihr Kind einmal mit verschiedenfarbigen Socken in den Kindergarten geht oder beim Sonntagsspaziergang mal nicht die beste Hose anhat. Wie sieht es bei Ihnen aus? Sprechen Sie besonders viele Verbote der Kategorien 4 und 5 aus? Überlegen Sie dann, ob wirklich alle Verbote notwendig sind. Vielleicht können Sie auf das eine oder andere verzichten. Damit geben Sie dann Ihrem Kind mehr Freiräume und weniger Anlässe für Trotzanfälle.

Überzeugen statt verbieten

Um ihren Willen durchzusetzen, brauchen Eltern nicht immer zu der „starken Waffe" des Verbots zu greifen. Wem es gelingt, seine Kinder mit Argumenten zu überzeugen, erreicht mehr als durch Verbote ... und baut Trotzanfällen vor.

Gute Argumente stechen ... manchmal

Je älter Ihr Kind wird, desto häufiger können Sie auf Verbote verzichten und auf die Einsicht Ihres Kindes bauen. Erklären Sie ihm genau, warum Sie glauben, daß etwas nicht gut für es ist.
Die fünfjährige Martina hat im Keller gespielt und dort ihre Skistiefel gefunden. Sie gefallen ihr so gut, daß sie den ganzen Nachmittag damit spielt. Am nächsten Morgen will sie die Stiefel in den Kindergarten anziehen. Ein Fehler nur: Es ist Mitte Juni. Die Mutter erklärt ihr nun, daß die Stiefel im Juni zu heiß, daß sie zum Laufen zu schwer sind und daß alle über sie lachen würden.

Überraschend oft wird Ihr Kind Ihre Argumentation verstehen und sich einsichtig zeigen. Manchmal wird es aber auch seinen Kopf durchsetzen wollen. Handelt es sich dabei um „minderschwere Verbote" der Kategorien 4 und 5 (siehe Seite 44), können Sie es durchaus akzeptieren, wenn sich Ihr Kind nicht von Ihnen umstimmen läßt.
Wenn Martina unbedingt mit Skistiefeln in den Kindergarten gehen will, kann es ihr die Mutter auf Kosten eines Trotzanfalls verbieten, oder sie läßt ihr ihren Willen. Entscheidet sich die Mutter für letzteres, kann sie ziem-

lich sicher sein, daß ihre Tochter von da an nie mehr mit Skistiefeln in den Kindergarten gehen will.
Der Lernerfolg ist also wesentlich größer, wenn man dem Kind die Möglichkeit gibt, seine eigenen Erfahrungen zu machen.
Allerdings: Sehr kleinen Kindern sollten Sie zwar auch erklären, warum Sie ein Verbot aussprechen, daß es Ihre Begründung vesteht, sollten Sie aber nicht erwarten.

Kompromisse schließen

Der viereinhalbjährige Peter will am Nachmittag unbedingt seinen Freund im Nachbarhaus besuchen. Die Mutter hat aber einen Termin beim Kinderarzt vereinbart. Peter beginnt zu quengeln. Schließlich hat er sich schon so auf das Spielen mit dem Freund gefreut, und zum Arzt will er sowieso nicht.
Bei jüngeren Kindern droht in einer solchen Situation beinahe unausweichlich ein Trotzanfall. Ältere Kinder kann man aber vielleicht schon von einem Kompromiß überzeugen.
Die Mutter schlägt Peter vor, daß er nach dem Arztbesuch noch zu seinem Freund gehen darf, und wenn dessen Mutter einverstanden ist, auch noch bis zum Abendessen bleiben kann. Andernfalls kann er für den nächsten Tag etwas mit seinem Freund ausmachen, vielleicht kann er sogar den ganzen Tag dort verbringen. Peter stimmt zu – zwar mit etwas Widerwillen, doch merkt er auch, daß man Dinge aufschieben kann und sie deswegen nicht ganz ausfallen müssen.

Bestechen Sie ein Kind nicht zu häufig mit einer Belohnung für gutes Verhalten

Anreize setzen

Es ist manchmal sehr schwer, sein Kind zu überzeugen, daß man gerade jetzt zum Beispiel einkaufen oder zum Kinderarzt gehen muß. Der Weg über die Vernunft ist hier oft nicht angesagt: „Du bist doch krank, also müssen wir zum Arzt!“ oder „Wenn wir nicht einkaufen gehen, haben wir nichts mehr zu essen!“ Solche Argumente überschreiten die Vorstellungskraft des Kindes. Wenn Sie jedoch sagen: „Wenn wir jetzt zum Einkaufen gehen, können wir uns anschließend noch ein schönes Eis holen“, wird das Ihr Kind schon eher überzeugen.
Achtung: Da sich Kinder sehr schnell daran gewöhnen, für positive Verhaltensweisen vorab Bezahlung zu fordern, sollten Sie solche „Bestechungen“ nur sehr selten einsetzen. Das Kind darf nie das Gefühl bekommen, daß es für gutes Verhalten eine Belohnung fordern darf.
Für sehr kleine Kinder ist es ohnehin sehr schwer, die Zeitspanne bis zur Belohnung auszuhalten. Sie brauchen wenn, dann gleich einen Anreiz, damit sie erst gar nicht einen Trotzanfall bekommen.
Stehen Sie auch manchmal vor dem Problem, daß Sie ein bestimmtes Verhalten Ihres Kindes verändern oder fördern wollen? Beispiele gibt es genug: Mithelfen beim Anziehen, Zähneputzen, ins Bett gehen ohne zu quengeln und so weiter. Wie wär's mit dem folgenden „Verstärkerprogramm“? Unterteilen Sie ein Blatt in vier, fünf oder sechs Felder. Jedes Feld steht für eine kritische Situation, die Ihr Kind am Tag

durchstehen muß. Das erste Feld könnte beispielsweise für das morgendliche Anziehen, das zweite für das Frühstücken, das dritte für das Mittagessen stehen. Jedesmal, wenn Ihr Kind eine Situation ohne große Zwischenfälle gemeistert hat, wird eine Sonne in das Feld gemalt. Ansonsten gibt es eine schwarze Regenwolke. Wenn es drei oder vier Sonnen in Folge erreicht hat, wird es mit einer Kleinigkeit belohnt. Beachten Sie: Anreize wie dieser sollten nur selten eingesetzt werden – beispielsweise an einem Tag, an dem der Tagesablauf reibungslos klappen muß. Auch hier gilt: Bei sehr kleinen Kindern ist die Methode wirkungslos, da sie den Spannungsbogen von morgens bis abends nicht aushalten können.

Nimm mich ernst!

Kinder werden von vielen Eltern nicht ernst genommen. Die „Großen" glauben, daß ihre Arbeit wichtiger sei als das Spiel der „Kleinen", und teilen deswegen nur ungern ihre wertvolle Zeit mit dem Kind. Dem bleibt dann, um die Aufmerksamkeit, die es verdient, zu erhalten, nur noch der Trotz.

Ich habe Wichtigeres zu tun

Trotzanfälle gehen nicht nur von den Kindern aus, sondern werden manchmal auch von den Eltern unbeabsichtigt verursacht. Oft versuchen Kinder mit ihren Eltern zu reden. ihnen etwas zu zeigen oder mit ihnen zu spielen. Die jedoch reagieren desinteressiert. Sie erkennen nicht, welche Bedeutung das anliegende Problem für das Kind hat. Sie sind in ihrer Erwachsenenwelt verhaftet und glauben, daß die Dinge, die sie tun, wichtiger sind, als die, die das Kind macht. Ihre Arbeit scheint ihnen wertvoller als das Spiel der Kinder. Um dann trotzdem noch Beachtung zu finden, reagieren manche Kinder mit einem Trotzanfall.

„Mama!" „Du siehst doch, daß ich gerade telefoniere. Bitte störe mich nicht!"

„Mama!!" „Ich muß jetzt die Wäsche aufhängen, später."

„Mama!!!" „Ja ja, sehr schön. Spiel weiter, ich hab jetzt keine Zeit."

„Mama!!!!" „Was ist denn bloß los, die ganze Zeit schreist du nach mir? Ich kann nicht immer für dich da sein."

Kinder haben es manchmal ziemlich schwer, bei Erwachsenen Gehör zu finden. Diese sind immer im Streß und haben immer etwas „Wichtigeres" zu tun. Die Sorgen ihrer Kinder erscheinen ihnen unbedeutend, und auch die Leistungen, die sie erbringen, werden oft unterschätzt.

Ist das, was wir gerade tun, wirklich immer wichtiger als die Bedürfnisse des Kindes?

„Schön, schön" reagiert der Papa gereizt, nachdem der dreijährige Peter schon zum x-ten Mal versucht hat, ihm sein selbstgebautes Legoauto zu zeigen, obwohl er gerade vor dem neuen Computer sitzt. Wirklich interessiert es ihn aber nicht, was sein Sprößling in mühevoller Arbeit zusammengesetzt hat. Als Peter nicht aufhört zu quengeln, läßt er sich das Auto zwar erklären, doch bei der Sache ist der Papa nicht. Er denkt stattdessen an das Computerprogramm, das er gerne noch installieren möchte. Peter entgeht das natürlich nicht, er quengelt nun noch mehr und versucht, den Papa weg vom Computer ins Nebenzimmer zu ziehen, um mit ihm dort zu spielen. Spätestens jetzt platzt dem Vater vermutlich der Geduldsfaden. Er will ungestört bleiben und schickt das Kind aus dem Zimmer. Wenig später hört er aus dem Nebenzimmer lautes Geschrei …

Der Konflikt hätte vermutlich vermieden werden können, wenn der Vater seinen Sohn als Gesprächspartner ernst genommen hätte. Er hätte ihm beispielsweise sagen können, daß er das Auto toll findet, daß er aber momentan keine Zeit zum Spielen hat: „Aber in einer halben Stunde, wenn ich das Computerprogramm installiert habe, komme ich und spiele mit dir."
So sichert sich der Vater seinen Freiraum, der Sohn lernt die Interessen anderer zu akzeptieren, merkt aber gleichzeitig, daß auch seine Leistung wahrgenommen wird.
Wichtig ist allerdings, daß der Vater sein Versprechen aufrichtig meint und nicht nur Zeit gewinnen will. Versprechen Sie deshalb nur, was Sie auch halten können und wollen!

Kindererziehung geht nicht nebenbei

Die vierjährige Andrea und ihr fünfjähriger Bruder sitzen in der Badewanne und planschen. Die Mutter ist nebenan in der Küche und beschäftigt sich mit dem Sonntagsbraten. Plötzlich hört sie ein lautes Kreischen und Juchzen. Sie stürmt ins Badezimmer und stellt fest, daß der ganze Fußboden überschwemmt ist. Daraufhin ermahnt sie ihre beiden Kinder kurz und eilt zurück zum Braten.
Als sie nach einiger Zeit wieder verdächtige Geräusche hört, brüllt sie den Kindern zu, sie sollten „endlich mit dem Quatsch aufhören". Für ein, zwei Minuten ist in der Tat Ruhe, doch dann geht das Geplansche wieder los. Weitere Befehle, die die Mutter in der Folgezeit während des Aufgießens des Bratens gibt, bleiben weitgehend unbeachtet.

Die Mutter ist in unserem Beispiel mehr mit dem Braten als mit ihren Kindern beschäftigt. Wie viele Eltern, erledigt sie die Kindererziehung in dieser Situation ganz nebenbei. Dies funktioniert aber nur in den seltensten Fällen. Aktionen wie Baden oder Anziehen, bei denen die Kinder eine besondere Betreuung benötigen, sollte man nur dann einplanen, wenn man genügend Zeit hat.
Klar, daß die Mutter von einem überschwemmten Badezimmer nicht begeistert ist. Ebenso verständlich ist es aber auch, wenn die Kinder Spaß am Planschen und Herumspritzen haben. Diese beiden widerstrebenden Interessen lassen sich nur dann einigermaßen miteinander vereinbaren, wenn sich die Mutter am Spiel beteiligt und es dadurch in geordnete Bahnen lenkt. Nimmt die Überflutung des Badezimmerbodens trotzdem überhand, kann sie ihre Befehle vom Badewannenrand aus leichter durchsetzen als von der Küche aus.
Generell gilt: Wenn Sie Ihrem Kind etwas Wichtiges mitteilen wollen, nehmen Sie Blickkontakt zu ihm auf.

Schau mir in die Augen, Kleines

Wissenschaftliche Untersuchungen haben ergeben, daß lediglich sieben Prozent der Kommunikation zwischen Eltern und Kindern über den Inhalt des Gesagten ablaufen. 55 Prozent der Information werden über die Körpersprache und 35 Prozent über den Klang der Stimme vermittelt.
Blicken Sie deshalb Ihrem Kind direkt in die Augen, wenn Sie ihm etwas verbieten, und bekräftigen Sie das Gesagte dadurch, daß Sie es anfassen. So werden die Grenzen für das Kind „begreifbar", und es spürt den Ernst der Situation. Verzichten Sie auf große Erklärungen und Moralpredigten, sondern beschränken Sie sich bei Ihrem Verbot auf das Wesentliche. Halten Sie ausführliche Erklärungen für notwendig, sollten Sie das in einer ruhigen Stunde tun. Während oder nach einem Trotzanfall ist Ihr Kind dafür nicht aufnahmefähig.

Der Ton macht die Musik

Wie bereits erwähnt, reagieren Kinder nicht nur auf den Inhalt des Gesagten, sondern vor allem auf die Art und Weise, wie etwas gesagt wird. **Sprechen Sie wichtige Verbote immer in einem ruhigen und bestimmten Ton aus.** Würden Sie das Ganze mit einem Lachen untermalen, könnte es das Kind nicht richtig einordnen. Ihre Stimmlage und der Inhalt des Gesagten würden sich widersprechen und beim Kind zu Irritationen führen.
Ebenso sollten Sie vermeiden, Verbote mit allzu großer Lungenstärke zu unterstreichen. Dies kann dazu führen, daß Ihre Kinder annehmen, Ihnen erst dann Aufmerksamkeit schenken zu müssen, wenn Sie losbrüllen. Verbote, die in normalem Ton ausgesprochen werden, werden dann nicht mehr oder nur zögernd befolgt.
Ältere Kinder reagieren oft auf ruhig ausgesprochene Anregungen mit weniger Widerstand als auf strenge

Hören Sie Ihrem Kind aufmerksam zu, wenn es Ihnen etwas zu erzählen versucht

Befehle. Mit dem Vorschlag: „Wie wäre es, wenn du dir die Hände wäschst, damit du dein Bilderbuch nicht schmutzig machst", hat man wahrscheinlich mehr Erfolg als mit einem strengen „Wasch dir jetzt sofort die Hände!".

Einfühlungsvermögen ist gefragt

Kinder als Gesprächspartner ernst zu nehmen, bedeutet auch, sich in ihre Situation hineinzuversetzen. Manches, was Ihr Sohn oder Ihre Tochter sagt, werden Sie nur dann verstehen können, wenn Sie Ihre Erwachsenenwelt verlassen und sich auf die Welt der Kinder einlassen. Dann werden Sie die Wichtigkeit scheinbar kleiner Probleme verstehen lernen.

Sehr junge Kinder sind ganz besonders auf Ihre Geduld angewiesen. Sie können oft noch nicht exakt ausdrücken, was sie wollen und sind davon abhängig, daß sich die Erwachsenen bemühen, sie zu verstehen.

Dazu ein Beispiel:

Die eineinhalbjährige Katja hängt der Mutter quengelnd am Hosenbein. Diese versucht, ihre kleine Tochter abzulenken, indem sie ihr ein paar Spielsachen bringt. Doch die wirft Katja nur trotzig auf den Boden. Die Mutter nimmt sie hoch und trägt sie herum. Als das nichts hilft, setzt sie sich mit ihr hin und schaut ein Buch mit ihr an. Katja quengelt weiter und will wieder auf den Boden. Sie setzt sich vor die Mutter und weint. Jetzt geht die Mutter in die Küche und macht Katja eine Flasche Milch. Katja nimmt diese, setzt sich auf den Boden und trinkt sie gierig aus. Danach schnappt sie sich die Spielsachen, die die Mutter vorhin gebracht hat, und spielt vergnügt.

Bei diesem Beispiel konnte das Kind sein Bedürfnis – Essen – nur durch Quengeln äußern. Der Mutter blieb nichts anderes übrig, als sämtliche Möglichkeiten in Betracht zu ziehen und geduldig auszuprobieren, was das Kind beruhigt.

Wenn man sich Zeit nimmt, lernt man die Sprache der Kleinen zu verstehen – man muß nur genau hinhören.

Auch ältere Kinder können die Bedeutung ihrer Worte nicht immer genau einschätzen, deswegen klingen manche ihrer Sätze mitunter etwas rüde. Wenn der dreijährige Sohn zur Mama sagt „Komm du jetzt sofort her", ist er sich wahrscheinlich des Befehlscharakters seiner Worte gar nicht bewußt, sondern hat den Satz irgendwann bei

Erwachsenen aufgeschnappt. Jetzt zu sagen: „Solange du so mit mir redest, kannst du alleine spielen", würde das Kind kaum verstehen. Erklären Sie ihm lieber, warum das Gesagte nicht sehr freundlich ist. Reagieren Sie aber keinesfalls aggressiv oder brechen gar den Gesprächskontakt ab.

Goldene Regeln zum richtigen Zuhören
Nehmen Sie sich Zeit für Ihr Kind.
Nehmen Sie die Dinge, die Ihr Kind bewegen, wichtig.
Akzeptieren Sie Ihr Kind als gleichwertigen Gesprächspartner.
Versuchen Sie, sich in Ihr Kind hineinzuversetzen – hören Sie nicht nur zu, sondern versuchen sie, es zu verstehen.
Legen Sie die Worte Ihres Kindes nicht auf die Goldwaage.

Guck doch mal, da!

Auch mit noch soviel Einfühlungsvermögen und Verständnis kann man einen Trotzanfall nicht immer verhindern. Dann kann für die Eltern die Devise nur noch „Schadensbegrenzung" heißen. Sie müssen verhindern, daß sich das Kind immer wieder in seinen Trotz hineinsteigert. Phantasie und Kreativität sind jetzt gefragt.
Auf Ablenkung reagiert ein Kind aber nur zu Beginn eines Trotzanfalls. Ist dieser Moment verpaßt ... blättern Sie weiter zum Kapitel „Augen zu und durch" auf Seite 55.

Humor ist, wenn man trotzdem lacht

Zu Beginn einer Trotzreaktion kann man manchmal durch eine witzige Bemerkung oder lustige Aktionen das Kind so ablenken, daß es seinen Wutausbruch „vergißt".
Dazu ein Beispiel:
Die kleine Verena will ihre Hose nicht anziehen, sie muß aber mit ihrer Schwester in den Kindergarten. Die Schwester wartet schon am Ausgang, Verena sitzt aber immer noch schrei-

Das Kind geht auf Alternativen leichter ein, wenn sie ihm schmackhaft gemacht werden

end auf dem Boden. Die Mutter versucht immer wieder, ihr die Hose anzuziehen, doch Verena strampelt sich die Hose weg. Die Mutter: „Ach so, die Hose gehört gar nicht an die Füße, vielleicht hier hin?" Sie zieht Verena die Hose über den Kopf. Verena brüllt und schlägt die Hose weg. „Ach, da auch nicht hin. Vielleicht an den Arm?" Jetzt wird Verenas Weinen leiser und sie sagt: „Nein, nicht da hin." Die Mutter fragt: „Ja, wohin gehört denn jetzt die Hose? Gehört die vielleicht dem Bären?" Sie versucht, dem Teddy die Hose anzuziehen. Verena ruft jetzt: „Nein, die gehört mir. An meine Füße." „Ja, paßt die denn da hin?" Verena nimmt schließlich die Hose und zieht sie sich an. Der Trotzanfall ist vergessen.

Der Trotzanfall als Spiel

Manchmal wirkt es auch, wenn Eltern auf den Trotzanfall eingehen und ihn so zu einem Spiel umwandeln:
Die zweieinhalbjährige Vera sitzt am Tisch, schreit und trommelt mit den Füßen gegen den Tischboden. Die Mutter mimt die Erstaunte, guckt unter den Tisch und sagt mit geheimnisvoller Stimme: „Ui, ich glaub', da sitzt jemand unter dem Tisch. Seid mal ganz still, ich höre da etwas." Bald werden Veras Geschwister nachsehen, und die Kleine freut sich, wie toll sie doch die anderen an der Nase herumgeführt hat.

Hätte die Mutter in diesem Fall Vera einfach verboten, mit den Füßen gegen den Tisch zu schlagen, hätte dies den Trotzanfall nur verstärkt.

Alternativen anbieten

Manchmal beginnen Kinder zu trotzen, weil sie etwas wollen, das sie nicht kriegen können:
Klaus, 2 Jahre, will unbedingt die Schaufel von einem anderen Kind haben und fängt zu weinen an, weil er sie nicht bekommt. Die Mutter bringt ihm einen Bagger und zeigt ihm, was man mit dem alles machen kann. Bald ist er mit dem neuen Spielzeug so beschäftigt, daß sein Trotz vergessen ist.

Wichtig ist dabei, daß das Kind das neue Angebot auch als Alternative empfindet. Wenn die Mutter ihrem Sohn einfach den Bagger hinstellt und sagt: „Hier nimm", wird das Kind dies weniger gerne annehmen, als wenn sie mit ihm zu spielen beginnt. **Auf welche Art man die Alternative präsentiert, entscheidet darüber, ob die Ablenkung vom Trotzanfall gelingt.**
Kinder müssen lernen, daß sie nicht alles haben können und auch einmal auf etwas verzichten müssen. Deshalb sollten Sie Ihrem Kind das neue Spielzeug nicht als „besser", sondern als „anders" verkaufen. Sagen Sie also nicht: „Der Bagger ist doch viel schöner als diese langweilige Schaufel", sondern lieber: „Ich habe da noch andere Spielsachen, wie gefällt dir denn der Bagger? Schau 'mal, was der alles kann . . ."
Ähnlich können Sie auch vorgehen, wenn Sie Ihrem Kind etwas verbieten müssen, weil es zu gefährlich ist. Anstatt ihm einfach das scharfe Küchenmesser aus der Hand zu nehmen, sa-

gen Sie: „Das Messer ist zu scharf für dich, daran kannst du dich verletzen. Aber mit dem Löffel hier, mit dem darfst du spielen."

Das Leben ist eine Geschichte

Oft passiert es, daß ein Kind einfach keine Lust mehr hat etwas zu tun – vielleicht ist es ihm zu langweilig oder zu anstrengend. Wenn Mama oder Papa dann nicht nachgeben, wird meist getrotzt. Hier kann es helfen, die langweilige Situation interessanter erscheinen zu lassen.
Mutter und Sohn laufen die Straße entlang. Plötzlich weigert sich der kleine Mann weiterzulaufen. Er ist müde und will getragen werden. Da er aber inzwischen vier Jahre alt ist und seine Mutter kein Bodybuildingtraining absolviert, kommt diese Alternative nicht in Frage. Was der Mutter in unserem Beispiel an Muskeln fehlt, hat sie aber an Kreativität und Einfallsreichtum. Sie deutet die Straße hinab und sagt: „Schau mal, da vorne steht ein toller Bagger, komm, den schauen wir uns an!" Das Kind hat jetzt ein interessantes Ziel vor Augen, und die Erschöpfung, die der Anlaß für den Trotz war, ist schnell vergessen.

Wer noch phantasievoller ist, kann aus dem ganzen auch eine Geschichte machen. So könnte die Mutter beispielsweise fragen: „Kennst du die Geschichte vom kleinen Bagger, der immer zu faul zum Graben war?" Das Kind ist gespannt auf die Geschichte und wird so von seinem Trotz abgelenkt. Allerdings ist jetzt die Mutter gefordert, denn sie muß sich nun schnell ein paar Abenteuer des „faulen Baggers" einfallen lassen.

Spielen gegen den Trotz

Jedes Kind spielt gerne. Deswegen sind Spiele eine gute Möglichkeit, Trotzköpfe abzulenken. Besonders geeignet dazu sind Spiele, bei denen das Kind selbst aktiv werden und beispielsweise singen, tanzen oder laufen muß.
Die folgenden beiden Beispiele stammen aus dem „Großen bunten Spielebuch" von Regina Grabbet.

Mutter und Kind sitzen oder stehen sich gegenüber und kitzeln einander an der Nase. Dazu singen sie nach der Melodie von „Auf de Schwäb'sche Eisebahne":
Kommt aus Hamburg meine Base,
kitzelt sie mich an der Nase,
kitzelt, bis ich niesen muß,
klappt es, krieg ich einen Kuß.
Einmal gekitzelt, geht's schon „Ha .....",
zweimal gekitzelt, gleich ist's da,
dreimal gekitzelt, jetzt oder nie:
alle zusammen laut „Hatschi!"

Oder vielleicht spielen Sie lieber das folgende Fingerspiel:
„Es tröpfelt,
(Mit zwei Fingern jeder Hand auf den Tisch klopfen)
es regnet,
(Mit vier Fingern ...)
es gießt,

(Lauter . . .)
es hagelt,
(Mit den Knöcheln der Finger das Klopfen steigern)
es blitzt,
(Zischgeräusch; Blitz mit den Händen in die Luft malen)
es donnert.
(Mit den Fäusten trommeln oder in die Hände klatschen)
Alle laufen schnell nach Hause,
(Hände auf den Rücken)
und morgen scheint die warme Sonne wieder!"
(Mit beiden Händen einen großen Kreis beschreiben)

Dieses Fingerspiel können Sie immer dann einsetzen, wenn Sie das Gefühl haben, die Stimmung des Kindes kippt um. Regen Sie das Kind dazu an, mitzumachen und die Hände entsprechend dem Liedtext zu bewegen.

Wenn Ihnen die beiden Spiele gefallen haben – in dem Buch von Regina Grabbet finden Sie noch viele weitere Anregungen für Spiele für Kinder im Alter von zwei bis sechs Jahren.
Es gibt auch einige sehr gute Bilderbücher zum Thema Trotz, die Sie mit Ihren Kindern zusammen durchblättern können. Wenn Eltern und Kinder das Verhalten der Buchhelden mit dem im „richtigen Leben" vergleichen, hilft dies sicherlich, den Kindern das eigene Verhalten etwas bewußter zu machen.
Dazu die folgenden Buchtips:
- Evelyn Reberg, „Guten Morgen, kleiner Dickkopf", erschienen im Eichborn Verlag.
- Virginia Müller, „Aufessen, Baba!". Von derselben Autorin sind im Sauerländer Verlag auch die folgenden beiden Bücher erschienen: „Auf's Töpfchen" und „Ab ins Bett".
- Einschlafprobleme lassen sich vielleicht mit „Ich kann nicht schlafen – Sieben freche Nachtgespenster" von Ingrid und Dieter Schubert erfolgreich „therapieren".

Aber natürlich brauchen Sie nicht auf Buchvorlagen zurückzugreifen. Die guten alten Kinderspiele aus Ihrer Jugend versprechen ebenfalls Erfolg. Wichtig ist nur, daß Sie das Kind zum aktiven Mitmachen bewegen und es so auf andere Gedanken bringen.

Trotzanfälle überleben

Auch die tollsten Eltern können Trotzanfälle ihres Kindes nicht immer vermeiden. Dann ist Selbstschutz angesagt. Wie dies am besten gelingt und wie man einen Trotzanfall aufarbeitet, erfahren Sie in den folgenden Kapiteln.

Augen zu und durch

Sie haben alles ausprobiert – sie haben mit Engelszungen auf das Kind eingeredet, haben versucht es abzulenken, sind wie ein Clown auf- und abgehüpft, haben einen Kopfstand gemacht und ihm eine spannende Geschichte erzählt. Alle Tips und Tricks, die Ihnen dieses Buch verraten hat, halfen nichts. Das Kind brüllt und brüllt und brüllt.

Sie können nur noch eines tun: Geduldig abwarten, bis der Anfall vorbei ist. Jetzt müssen Sie nicht länger Ihr Kind, sondern sich selbst ablenken. Mütter mit einschlägiger Vorerfahrung haben uns verraten, daß sie in solchen Situationen versuchen, an den letzten Urlaub zu denken, oder ihr Lieblingslied zu singen.

Wenn das nicht hilft: Keiner zwingt Sie, das Trotzschauspiel Ihres Kindes

Solange die Eltern in erreichbarer Nähe bleiben, können sie den Trotzanfall in Ruhe abklingen lassen

von Anfang bis Ende live zu verfolgen. Gehen Sie einfach in ein anderes Zimmer. Sagen Sie aber Ihrem Kind, daß es jederzeit nachkommen kann, wenn es Sie braucht. Es muß wissen, daß Sie immer erreichbar sind. Niemals dürfen Sie ihm das Gefühl geben, daß Sie sich ihm entziehen wollen.

Wichtig: Auch wenn Sie das Kind noch so sehr nervt, dürfen Sie ihm nie das Gefühl geben, daß Sie es im Stich lassen werden.

Wenn Sie das Zimmer verlassen, schont das nicht nur Ihre Nerven, sondern hat manchmal den Nebeneffekt, daß das Kind zu trotzen aufhört. Dann fehlt ihm nämlich der notwendige Zuschauerrahmen, und der Trotzanfall verliert seinen Reiz. Es wird zwar im ersten Moment noch heftiger brüllen, doch meist beruhigt es sich schon bald. Begrüßen Sie es freundlich, wenn es schafft, aus seinem Trotzanfall herauszukommen und sich überwindet, zu Ihnen ins Nebenzimmer zu kommen.

Wichtig: Schicken Sie nie das Kind aus dem Zimmer. Mit dem Spruch: „Wenn du nicht sofort aufhörst, gehst du in dein Zimmer", werden Sie bei einem trotzenden Kind nichts erreichen. Im Gegenteil, es wird noch lauter werden und darauf beharren im Zimmer zu bleiben. Beachten Sie auch: Das Kind muß immer die Möglichkeit haben, nach Ende des Trotzanfalls die Kommunikation mit Ihnen wieder aufzunehmen. Deshalb niemals ein trotzendes Kind einsperren; dann bestünde die Gefahr, daß sich dessen Wut gegen Gegenstände oder gegen sich selbst richtet.

Beim Stadtspaziergang oder im Supermarkt können Sie Ihr Kind natürlich nicht einfach alleine stehen lassen. Ein paar Schritte weggehen und die Auslagen im Regal ansehen oder sich auf die nächste Parkbank setzen, das können Sie aber durchaus. Lassen Sie sich dabei nicht von den bösen Blicken anderer Leute verunsichern. Nur weil Sie den Trotzanfall Ihres Kindes aus ein paar Metern Abstand beobachten, sind Sie noch lange keine Rabenmutter oder kein Rabenvater.

Schon an anderer Stelle dieses Buches haben wir erwähnt, wie wichtig es ist, einen Trotzanfall in der Öffentlichkeit genauso zu behandeln wie zu Hause. Merkt Ihr Kind erst einmal, daß Sie im Supermarkt aus Angst vor Bloßstellung seinen Forderungen immer nachgeben, werden Sie keinen Einkauf mehr ohne Quengeln erleben.

Laß uns darüber sprechen

Sobald ein Kind zu trotzen begonnen hat, verabschiedet es sich für einen gewissen Zeitraum aus dieser Welt. Es ist kaum ansprechbar und nimmt auch nicht mehr bewußt wahr, was man ihm sagt. Deswegen nützt es nichts, wenn man es durch Ermahnungen oder gute Argumente von seinem Trotz abbringen will. Wenn Sie den Grund für das Trotzen herausfinden oder mit dem Kind über sein Verhalten reden wollen, ist jetzt nicht der richtige Zeitpunkt.

Auch direkt nach dem Trotzanfall ist Ihr Kind noch nicht gesprächsbereit. Ein solcher Zornesausbruch kostet

nämlich nicht nur Sie, sondern auch Ihr Kind viel Kraft. Falls Sie ein klärendes Gespräch für nötig halten, warten Sie deshalb einen ruhigen Moment ab und sprechen Sie dann in sachlichem Ton an, was Sie am Verhalten Ihres Kindes auszusetzen haben. Zu lang sollten Sie mit einem solchen Gespräch aber auch nicht warten, denn sonst hat Ihr Kind den Trotzanfall schon längst vergessen.
Vermeiden Sie es, dem Kind pauschale Vorwürfe zu machen, sondern sprechen Sie konkret das Verhalten an, das sie gestört hat. Also nicht einfach „Du bist immer so frech zu mir, ich laß mir das nicht länger gefallen", sondern besser „Daß du heute morgen beim Anziehen so gebrüllt hast, hat mir gar nicht gefallen. Das nervt nämlich ganz schön, wenn du immer so rumkreischst."
Solche Aussprachen sind aber nur bei größeren Kindern von Nutzen, Kleinkinder vergessen einen Trotzanfall schon nach kurzer Zeit und können sich schon bald an ihre „Missetat" nicht mehr erinnern.

Ich liebe dich

Tausendmal hat die Mutter der dreijährigen Peggy schon gesagt, daß sie den Blumentopf nicht umkippen darf. Doch trotzdem ist der teure weiße Langhaarteppich wieder voll schwarzer Erde, und der Gummibaum hängt wie ein angezählter Boxer in seinem Topf. Jetzt reicht es der Mutter! Endgültig!! Nur mühsam kann sie einen Schreianfall unterdrücken. Mit zittriger, aber ruhiger Stimme sagt sie: „Du hast jetzt schon tausendmal die Blumenerde auf den Teppich geschüttet. Irgendwann ist es genug. Jetzt hat dich die Mami nicht mehr lieb." Die weinende Peggy wird auf ihr Zimmer geschickt. In den nächsten Tagen verhält sich die Mutter bewußt kühler gegenüber ihrer Tochter und zeigt ihr deutlich, daß sie mit ihrem Verhalten nicht einverstanden war.

Viele genervte Eltern reagieren ähnlich wie in diesem Beispiel. Durch Liebesentzug versuchen sie, ihr Kind auf den rechten Weg zurückzubringen. Selbstverständlich lieben sie ihren kleinen Trotzkopf nach wie vor, doch durch ihr zurückweisendes Verhalten hoffen sie ihn disziplinieren zu können. Das Kind durchschaut das taktische Manöver der Eltern aber nicht und fürchtet nicht mehr geliebt zu werden. Es wird in der Folgezeit versuchen, die Aufmerksamkeit der Eltern erneut auf sich zu lenken. Dies kann durch vermehrte Trotzanfälle geschehen, durch kleine Diebstähle oder Lügen. Es kann aber auch dazu führen, daß das Kind überangepaßt wird und durch besondere Leistungen auf sich aufmerksam machen will. Doch selbst wenn es ihm dadurch gelingt, die Eltern wieder für sich zu gewinnen und es gelobt wird, fühlt es, daß es nur wegen seiner Leistung und nicht um seiner selbst willen akzeptiert wird. Deshalb leiden solche Kinder später oft unter mangelndem Selbstwertgefühl und Versagensängsten.

Ein klärendes Gespräch muß im richtigen Moment erfolgen

Liebe ist die Basis jeder Eltern-Kind-Beziehung und das Lebenselexir für die kindliche Entwick-

lung. Für ein Kind ist Liebesentzug deshalb die härteste vorstellbare Strafe. Kindern, die von ihren Eltern geschlagen werden, bleibt zumindest das Gefühl, daß man sich mit ihnen auseinandersetzt. Kinder, die durch Liebesentzug bestraft werden, bleiben aber allein in einer ihnen feindlichen Welt zurück.

Nochmals: Die schlimmste Strafe, die Sie gegen Ihr Kind verhängen können, ist Liebesentzug. Auch wenn es Sie noch so sehr geärgert hat – zu diesem Mittel dürfen Sie NIEMALS greifen!

Auch Eltern machen Fehler

Niemand ist unfehlbar – auch Eltern nicht. Auch sie sind menschliche Wesen und machen deshalb bei der Erziehung ihrer Kinder Fehler. Wenn Sie Ihr Kind ungerecht behandelt haben, sollten Sie dafür auch geradestehen. Wie? Das erfahren Sie im folgenden Kapitel.

Es tut mir leid

Frau K. hat sich so auf das Wochenende mit ihrem Mann gefreut. Die kleine Tochter ist bei den Großeltern gut untergebracht, und endlich haben die Eltern wieder Zeit füreinander. Statt zweier Tage voll eitel Sonnenschein,

Eltern können ruhig auch gegenüber kleinen Kindern eingestehen, daß sie nicht immer perfekt sind

gibt es aber nur Streit. Als der Opa am Sonntagabend das Kind zurückbringt, hat Frau K. zwei schlaflose Nächte hinter sich und ist bis unter die Haarspitzen gereizt. Die kleine Anja freut sich, endlich die Mama wiederzuhaben und beginnt sofort von ihren Erlebnissen zu erzählen. Die Mutter aber will nur Ruhe und schickt das Kind ins Bett. Als sich Anja dagegen sträubt und zu quengeln beginnt, brüllt die Mutter los. Zum Schluß sitzen Mutter und Kind weinend am Boden. Die Mutter, weil sie mit den „Nerven am Ende" ist, und das Kind, weil es sich völlig mißverstanden fühlt.

Eine typische Situation. Die Mutter ist gereizt und überträgt ihre schlechte Laune auf das Kind.
Am nächsten Morgen – nach einer Nacht voll Schlaf – tut Frau K. ihr Verhalten leid … und dies sollte sie auch dem Kind gegenüber zum Ausdruck bringen: „Es tut mir leid, daß ich dich gestern angebrüllt habe, ich habe zwei Nächte nicht geschlafen und war schon genervt, bevor du nach Hause gekommen bist." Jetzt weiß Anja, daß Mamis schlechte Laune nichts mit ihr zu tun hatte und sie nicht auf sie böse war.
Haben Sie keine Angst davor, Fehler einzugestehen. Dadurch verlieren Sie nicht an Autorität, sondern Ihr Kind lernt Sie als facettenreiches menschliches Wesen mit Stärken und Schwächen kennen. Es merkt, daß es völlig normal ist, Fehler zu machen, und dadurch kann es leichter eigene Fehler eingestehen.
Meist nehmen Kinder die Fehler ihrer Eltern weniger tragisch als diese selbst und sind schnell bereit zu verzeihen. In Ausnahmefällen läßt sich die Verletzung der kleinen Kinderseele aber nicht durch ein einfaches „Es tut mir leid" kurieren. Wenn Ihr Kind nicht sofort auf Ihre Entschuldigung reagiert, lassen Sie ihm etwas Zeit. Respektieren Sie sein Verhalten, und drängen Sie es nicht „wieder gut" zu sein. Nur weil Sie den Wunsch haben, Ihr Kind in den Arm zu nehmen und Frieden mit ihm zu schließen, muß dies noch lange nicht auch das Bedürfnis Ihres Kindes sein. Geben Sie Ihrem Kind zu verstehen, daß es für Sie wieder „o. k." ist und es jederzeit zu Ihnen kommen kann, wenn es Sie braucht. Sie werden sehen, es wird nicht sehr lange dauern, dann sehnt sich auch Ihr Kind danach, von Ihnen in den Arm genommen zu werden.
Aber Achtung: Entschuldigungen dürfen nicht zum Freibrief für unbeherrschtes Verhalten werden.
Daß sich Eltern ihrem Kind gegenüber „daneben benehmen", sollte immer die Ausnahme bleiben.

Das Kind und sein Umfeld

Manche Kinder werden rund um die Uhr von ihren Eltern umsorgt, andere müssen Vater und Mutter mit einem Arbeitgeber teilen oder, noch schlimmer, müssen auf einen der beiden verzichten, weil Papa und Mama geschieden sind. Ist das aber ein Grund besonders nachsichtig zu sein und dem Kind besonders viele Freiheiten einzuräumen?

Berufstätigkeit der Eltern

Wenn beide Elternteile berufstätig sind, ist das eine besondere Belastungssituation für die Familie. Kleine Kinder sträuben sich manchmal sehr heftig dagegen und reagieren mit Trotz. Nach der Wiederaufnahme der Berufstätigkeit sitzt der tägliche Trennungsschmerz bei Mutter (bzw. Vater) und Kind gleichermaßen tief.
Trotzdem: Haben Sie sich einmal zur Berufstätigkeit entschlossen, müssen Sie dem Kind auch zeigen, daß die Arbeit ein wichtiger Teil Ihres Lebens ist. Wenn Sie jeden Morgen weinend von Ihrem Kind Abschied nehmen und ihm sagen „Jetzt muß die Mama schon wieder in die blöde Arbeit", wird es unterbewußt Ihr Schwanken ausnutzen wollen und versuchen, Sie umzustimmen. Da ihm dazu die Worte fehlen, bleibt ihm als Mittel nur Trotz. Der einzige Effekt der oben beschriebenen Szene wird sein, daß schon nach kurzer Zeit das Abschiedsschluchzen der Mama vom trotzigen Geschrei des Kindes übertönt wird. Wenn Sie nicht allzu früh das Haus verlassen müssen, sollten Sie den Abschied am Morgen, ebenso wie das Zubettgehen am Abend, in ein festes Ritual einbauen. Dann fällt dem Kind das „Loslassen" leichter.
Planen und organisieren Sie gut voraus: Wählen Sie eine geeignete Tagesmutter oder Kindergruppe für Ihr Kind aus. Zu viele wechselnde Bezugspersonen bergen die Gefahr, daß das Kind keinen klaren Rahmen bekommt. Dann lernt es sehr schnell, jeden gegen jeden auszuspielen. Sie haben dann doppelte Arbeit, das Chaos wieder zu sortieren und das, was Sie wollen, auch durchzusetzen. Wenn Ihr Kind den ganzen Tag ohne Papi und Mami auskommen muß, sollten Sie sich ihm nach Ihrer Rückkehr aus der Arbeit besonders intensiv widmen. Erzählen Sie ihm von Ihrem Tag, damit es sich nicht von Teilen Ihres Lebens ausgeschlossen fühlt, und lassen Sie sich auch regelmäßig von seinen Erlebnissen berichten.
Machen Sie aber nicht den Fehler, Ihre lange Abwesenheit durch besondere Nachgiebigkeit kompensieren zu wollen. Auch Kinder berufstätiger Eltern haben ein Recht auf Grenzen!

Planen Sie sorgfältig voraus, wo Ihr Kind bleiben soll, wenn Sie wieder arbeiten wollen

Trennung der Eltern

Leider kommt es immer häufiger vor, daß Eltern sich trennen oder sich scheiden lassen. Auch wenn die Partner sich Mühe geben, die Trennung freundschaftlich zu vollziehen, bricht für das betroffene Kind zunächst eine Welt zusammen. Gerade jetzt braucht es festen Halt durch beide Elternteile. Ihr Kind wird in dieser Situation her-

ausfinden wollen, ob Sie bedingungslos zu ihm stehen. Es sucht neue Sicherheit und es fordert, meist durch Trotz, klare Regeln.
Selbst Eltern, die bisher einen konsequenten Erziehungsstil durchgezogen haben, neigen nun zur Nachgiebigkeit. Schuld daran ist ihr schlechtes Gewissen. Sie denken: „Weil wir uns nicht mehr vertragen, haben die Kinder kein Zuhause mehr“ oder „Das arme Kind hat es jetzt schwer genug, da kann ich nicht so hart sein und ihm alles verbieten“.
Mit besonderer Nachsicht wollen sie dem Kind über die schwere Zeit hinweghelfen. Dies aber ist ein Fehler. Denn das Kind trotzt, weil es klare Grenzen spüren will, die ihm wieder Sicherheit geben. Stattdessen erhält es noch mehr Freiraum, in dem es verlorengeht. Es trotzt also noch mehr, ... ein Teufelskreis beginnt.
Auch in schwierigen Lebenssituationen gilt: Seien Sie klar und konsequent in Ihrem Verhalten. Ihr Kind verkraftet ein klares „Nein“.
Wichtig: Lassen Sie die Wut, die Ihrem Ex-Partner gilt, aus der Beziehung zu Ihrem Kind heraus. Das Kind hat ein Recht darauf, Ihren Ex-Partner, also seinen Vater oder seine Mutter, genauso zu lieben, wie es Sie liebt.

Trotz bei Geschwistern

Nicht immer sind die kleinen Geschwister die Wehrlosen

„Geschwister erziehen sich gegenseitig.“ Das jedenfalls hört man oft aus dem Mund von Eltern, die sich entschlossen haben, ein zweites Kind zu bekommen. Stimmt das? Das Trotzverhalten unter Geschwistern ist das Thema der nächsten Kapitel.

Die Großen und die Kleinen

Die Rollen innerhalb einer Geschwisterreihe sind genau definiert. Das Erstgeborene hat in der Regel die schwierigste Stellung, da es als einziges durch die Geburt eines Rivalen „entthront“ wird.

UNSER TIP

Erwarten Sie ein zweites Baby? Bereiten Sie Ihr Kind schon frühzeitig auf den Nachwuchs vor. Beziehen Sie es in Ihre Vorfreude auf das neue Baby mit ein, und lassen Sie es so aktiv an Ihrer Schwangerschaft teilhaben. Dann wird es das Baby nicht nur als Konkurrenz, sondern auch als Familienmitglied betrachten.

Die nachfolgenden Kinder empfinden dies nicht mehr so, da ja schon ein Bruder oder eine Schwester da ist.

Zwischen dem ersten und dem zweiten Kind herrscht oft ein großer Wettstreit. Das zweite eifert meist dem ersten nach, dies umso stärker, je geringer der Altersabstand zwischen den beiden ist. Es strebt aber auch danach, die Führungsrolle des Älteren zu übernehmen. Man kann sehr häufig beobachten, daß gerade die Zweitgeborenen starke Trotzköpfe sind, die den großen Bruder oder die große Schwester unterdrücken. Denn schon sehr früh lernen sie, daß sie nur brüllen müssen, und schon bekommen sie, was sie wollen.

Achten Sie deswegen darauf, daß die „Großen" nicht immer Rücksicht auf die „Kleinen" nehmen müssen. So werden diese nämlich zu regelrechten Tyrannen erzogen. Als Eltern sollten Sie die Kinder genau beobachten, um die Bedürfnisse jedes einzelnen zu erkennen und ihm eventuell zu helfen, diese durchzusetzen. Dabei kann es durchaus mal nötig sein, daß Sie das ältere Kind gegen das Nesthäkchen in Schutz nehmen. Nicht immer sind die Kleineren auch die Wehrloseren!

Gerade bei älteren Geschwistern neigt man dazu, zu sagen: „Jetzt gib es ihr halt ..." oder „Du verstehst das doch, aber der Timmi ist noch zu klein". Wenn die Eltern ehrlich sind, wollen sie mit solchen Sprüchen meist nicht das Sozialverhalten der älteren Geschwister stärken, sondern nur Ruhe vom Geschrei des quengligen Nesthäkchens bekommen. Das merkt jedoch sehr schnell, daß es mit Trotz schnell zum Ziel kommt und setzt dann immer öfter diese Waffe ein.

Wenn man dann nicht achtsam genug ist, kann es sein, daß die älteren Kinder „auf der Strecke" bleiben.

Hierzu das folgende Beispiel:

Eine Mutter sitzt mit ihren beiden Kindern im Café. Lena ist sechs Jahre alt, ihre kleine Schwester Anna zweieinhalb Jahre. Alle drei bestellen sich etwas: Lena eine heiße Schokolade, Anna einen Apfelsaft und die Mutter einen Kaffee. Als die Getränke kommen, will Anna Lenas Kakao und fängt an fürchterlich zu brüllen. Lena will ihn ihr aber nicht geben und sagt: „Du hast doch auch etwas bekommen. Ich will meinen Kakao selber trinken." Anna schreit weiter: „Ich will Kaba haben!" Schließlich wird es der Mutter zu dumm, und sie sagt zu Lena: „Dann gib ihn ihr halt, du kannst dir einen neuen bestellen." Also bekommt Anna Lenas Kakao. Diese panscht allerdings nur darin herum und wartet darauf, bis Lenas zweiter Kaba kommt, dann geht das ganze Spiel von vorne los.

Manche Zweitgeborenen lernen schnell, wie sie mit Trotzanfällen die Eltern manipulieren und ihren Willen durchsetzen können

Freiheiten und Pflichten

Es ist wichtig, jedem Kind seine Stellung innerhalb der Familie klarzumachen. Die jüngeren müssen wissen, daß für sie andere Regeln gelten als für die älteren, daß Freiheiten und Pflichten von Alter und Entwicklung abhängig sind.

So darf beispielsweise der fünfjährige Oliver schon alleine mit dem Fahrrad um den Block fahren, während die dreijährige Nadine mit dem Dreirad noch im Hof bleiben muß. Oder die zehnjährige Claudia darf sich eine

Cola bestellen, während der kleine Bruder einen Apfelsaft bekommt. Dafür muß sie auch den Eltern beim Abwasch helfen, während der Bruder noch keine Pflichten im Haushalt übernehmen muß.

Behandeln Sie Ihr Kind entsprechend seinem Alter und seinem Entwicklungsstand. Auch wenn andere in dem Alter schon mehr können, achten Sie auf das, was **Ihr** Kind kann. Überfordern bzw. unterfordern Sie es nicht.

Einzelkinder und Trotz

„Einzelkinder sind eigensinnig, egozentrisch und trotzig." So jedenfalls hört man es oft. Doch stimmt das Klischee vom verzogenen Prinz und der selbstsüchtigen Prinzessin wirklich? Diese Frage läßt sich kurz und einfach mit einem deutlichen „Jein" beantworten.
Ob ein Kind verzogen wird, hängt nicht davon ab, ob es alleine oder mit Geschwistern aufwächst, sondern davon, wie seine Eltern mit ihm umgehen.

Einzelkinder genießen die ungeteilte Aufmerksamkeit der Eltern

UNSER TIP

Für ein Einzelkind ist es besonders wichtig, daß es frühzeitig Kontakt zu anderen Kindern bekommt. Regelmäßige Besuche bei den Nachbarkindern und das gemeinsame Spiel mit anderen am Spielplatz sind für seine positive Entwicklung unverzichtbar. Außerdem: Frühzeitig zum Kindergarten anmelden!

Die stolzen Eltern eines Einzelkindes neigen aber in der Tat dazu, ihrem Kind besondere Aufmerksamkeit zu schenken. Dies ist an sich noch nichts Schlechtes, kann aber schnell dazu führen, daß man seinem Schatz jeden Wunsch von den Augen abliest und ihm alle Schwierigkeiten aus dem Weg räumt. Kinder, die so extrem behütet aufwachsen, haben oft mit zwei Schwierigkeiten zu kämpfen. Einerseits lernen sie nicht, sich gegen Widerstände durchzusetzen, und andererseits entwickeln sie ein „Das-steht-mir-zu-Gefühl". Sie sind gewohnt alles zu bekommen, was sie wünschen, und reagieren deswegen mit Trotz, sobald

man ihnen etwas verweigert. Da ihnen nie Grenzen gesetzt wurden, werden sie jetzt zum fordernden kleinen Prinzen, der keinen Widerspruch duldet.
Fazit: Solange man ihnen die gleiche Erziehung angedeihen läßt wie Geschwisterkindern, sind Einzelkinder weder mehr noch weniger trotzig als diese. Was manche Einzelkinder zu Trotzköpfen macht, ist lediglich die Tatsache, daß ihre Eltern darauf verzichten, ihnen Grenzen zu setzen.

Kein Trotz bei antiautoritärer Erziehung?

Schränkt man die Freiräume eines Kindes ein, löst dies oft einen Trotzanfall aus. Man könnte nun annehmen, daß ein Erziehungsstil, der überhaupt keine Grenzen setzt, zufriedene und ausgeglichene Kinder hervorbringt, die nicht trotzen. Doch stimmt das? Lassen Sie uns dazu einen Blick auf den „Laissez-faire-Erziehungsstil" werfen. Er geht davon aus, daß jedes Kind seinen eigenen Rhythmus hat, der nicht durch Erwachsene gestört werden darf. Das Kind bestimmt völlig frei über seine Handlungen, die Eltern greifen weder steuernd noch korrigierend ein.
„Laissez-faire" scheint auf den ersten Blick das ideale Mittel gegen trotzige Kinder zu sein: Das Kind hat keinen Grund, sich der Autorität zu widersetzen, und die Folge daraus wäre: Es gibt keinen Trotz! Zu schön, um wahr zu sein! In der Praxis zeigt sich aber, daß Kinder leider nicht so reagieren, wie es die Theorie vorsieht.
Kinder, die antiautoritär erzogen werden, entwickeln meist nicht weniger, sondern mehr Aggressionen. Sie empfinden die Freiheit, die man ihnen gewährt, nämlich gar nicht als solche, sondern als mangelnde Zuwendung. Sie vermissen die Unterstützung durch die Erwachsenen und die von ihnen gesetzten Grenzen. Ohne sie fühlen sie sich hilflos und verlassen.
Werden dem Kind keine festen Regeln zur Orientierung geboten, wird es danach suchen und sie von seinen Eltern „abtrotzen". Das Kind überschreitet dann Grenzen, nicht um sie zu brechen, sondern um sie zu erfahren. Dadurch erhält es Sicherheit und das Gefühl zu wissen woran es ist.

Kleinkinder suchen die Autorität der Eltern

Der Familienberater Jan-Uwe Rogge schreibt dazu in seinem Buch „Eltern setzen Grenzen": „Ohne Grenzen sind Individualität und Identität nicht möglich, ohne Grenzen wird die Ausbildung von Autonomie und Eigenständigkeit behindert."
Grenzen sind also nicht nur Einschränkung, sondern ein wichtiger Halt auf dem Weg zum Erwachsenwerden. Wichtig auch: Je kleiner das Kind, desto klarer und enger gesteckt müssen die Grenzen sein.

Trotz muß sein

Die bekannte Kinderpsychologin Irina Prekop tröstet Eltern von Kindern im Trotzalter in ihrem Buch „Der kleine Tyrann" mit den Worten: „Kinder, die niemals trotzig waren, haben sich nicht normal entwickelt."
Dieser Ansicht schließen sich auch die Autoren dieses Buches an. Doch nicht jede Art von Trotz ist normal.

Zuviel Trotz ist unnormal

In einigen Fällen kann auch eine ernsthafte psychische Störung vorliegen, die unter Umständen nur mit Hilfe eines Fachmannes behandelt werden kann. Kennzeichen für eine solche Störung können unter anderem extreme Aggressivität, eine ausgeprägte Herrschsucht und Hyperaktivität sein. Viele Kinder leben ihren Trotz aber auch durch einen Rückzug in sich selbst, durch Verweigerung der Nahrungsaufnahme oder durch Bettnässen aus. Allen gemein ist, daß sie erziehungsresistent sind, das heißt, auf eine versuchte Einflußnahme durch ihre Eltern nicht mehr reagieren.
Doch keine Panik! Auch wenn einige der oben genannten Symptome auf Ihr Kind zutreffen, muß dies noch kein Hinweis auf eine psychische Störung sein. Lebensphasen mit besonders starken Trotzschüben machen die meisten Kinder durch. Ein Grund, einen Therapeuten aufzusuchen, besteht erst dann, wenn die genannten Symptome über einen längeren Zeitraum auftreten bzw. die Trotzphase im Alter von spätestens sechs Jahren noch nicht beendet und die Situation für Eltern und/oder Kind nicht mehr tragbar ist:
Die Mutter der fünfeinhalbjährigen Sabrina erzählt verzweifelt: „Sabrina ist jetzt schon fast sechs Jahre alt, da sollten die Trotzanfälle doch allmählich aufhören. Bei ihr werden sie aber immer schlimmer. Verbote ignoriert Sabrina prinzipiell, sie fordert sie geradezu heraus. Selbst wenn ich sie anbrülle, reagiert sie nicht." Die Mutter erzählt weiter, daß sich Sabrina im Kindergarten ganz normal verhält. Sobald sie aber zu Hause ist, wird sie „ein völlig anderes Kind".
Als Sabrina zweieinhalb Jahre alt war, haben sich ihre Eltern getrennt, und sie verbringt seitdem abwechselnd ihre Zeit beim Vater und bei der Mutter. Anfangs schien es, als würde die Trennung der Eltern Sabrina nicht sehr belasten. Doch allmählich verlangte Sabrina immer mehr Zuwendung. Die berufstätige Mutter konnte ihr die geforderte Aufmerksamkeit nicht geben – Sabrina trotzte. Sie widersetzte sich den Verboten ihrer Mutter und stand so wieder im Mittelpunkt. Die wiederum wußte sich nicht mehr zu helfen und reagierte zunehmend aggressiv auf ihre Tochter. Schließlich führte nahezu jede Aktion bei Sabrina zu einem Trotzanfall und zur entsprechenden Reaktion bei der Mutter.

In der eben beschriebenen Situation, in der Mutter und Kind den Gesprächskontakt zueinander bereits verloren haben, ist es schwer, selbst zu einer Konfliktlösung zu finden. Oft weist dann nur fachmännische Hilfe den Weg aus dem Teufelskreis (siehe dazu Seite 73).

Problematisch ist, daß sich psychische Störungen – anders als körperliche Beschwerden – nicht einfach an einzelnen Symptomen festmachen lassen. Während man im einen Fall sagen kann: „Das Kind hat 40 Grad Fieber, rote Punkte im Gesicht und eine belegte Zunge, also hat es Masern“, kann man im anderen Fall eben nicht folgern: „Das Kind ist hyperaktiv, folglich liegt eine psychische Störung vor.“ Die Hyperaktivität kann zwar ein Anzeichen sein, das auf eine psychische Störung hindeuten könnte – mehr aber auch nicht.

Gründe für psychische Störungen

Menschen sind keine Maschinen. Eine Aufstellung, die zeigt: „Dieses Fehlverhalten führt zu jener Störung“, kann es deswegen nicht geben. Ein Verhalten, das bei dem einen Kind zu schweren psychischen Störungen führt, mag beim anderen die Entwicklung nicht oder nur geringfügig beeinflussen. Ohnehin ist für die Entstehung von psychischen Störungen nur selten eine Ursache allein verantwortlich. Meist gibt es ein ganzes Bündel von Gründen, das dazu beiträgt.

Fehlverhalten der Eltern

Die Eltern sind die wichtigsten Bezugspersonen im Leben eines Kindes. Dauerndes elterliches Fehlverhalten wird sich deswegen nachteilig auf seine Entwicklung auswirken. Dazu einige Beispiele:

Gründe, die zu psychischen Störungen führen können (eine Auswahl)
Fehlverhalten der Eltern (aggressives Verhalten, Erziehung ohne Grenzen zu setzen ...)
Schwierige familiäre Situation (Scheidung, getrennt lebende Eltern, Todesfall ...)
Neue Lebensumwelt (Umzug, Eintritt in den Kindergarten ...)
Oft wechselnde Bezugspersonen
Körperliche Behinderungen oder der falsche Umgang damit

- Wird Trotz permanent aggressiv unterdrückt, oder verhalten sich die Eltern ablehnend ihrem Kind gegenüber, kann dies zur Folge haben, daß es überangepaßt wird und später unter mangelndem Selbstbewußtsein und Selbstwertgefühl leidet.
- Wird das Kind mit seinem Trotz alleine gelassen (zum Beispiel in ein Zimmer gesperrt, bis es wieder brav ist), hat es nicht die Möglichkeit, die Wut gegen die Eltern zu richten. Dies kann die Grundlage für depressive Verstimmungen sein.

Das Kind richtet seine Wut dann ungezielt gegen Gegenstände oder gegen sich selbst. Eine Therapeutin berichtete uns beispielsweise von einem Jungen, der bei einem Trotzanfall seinen Kopf solange gegen die Wand schlug, bis er zu bluten begann.

- Werden dem Kind permanent keine Grenzen gesetzt, will es sich durch gesteigerten Trotz die Aufmerksamkeit seiner Eltern erzwingen. Es wird aggressiv und entwickelt Schwierigkeiten im Umgang mit anderen.

Nochmals: Störungen in der Persönlichkeitsentwicklung des Kindes sind nur dann zu befürchten, wenn die Eltern **ständig** gegen die Grundregeln der Erziehung verstoßen.

Schwierige familiäre Situation

Kinder reagieren sehr sensibel auf Veränderungen in der Familie. Sie wissen nicht, welche Auswirkungen die neue Situation für sie haben wird. Auch der Grund für die Veränderung bleibt für sie meist im Dunkeln. Dies kann – verständlicherweise – zu Angstzuständen führen.

Wenn der Papa nach der Trennung plötzlich nicht mehr nach Hause kommt, können Kinder dies nicht einfach logisch damit erklären, daß sich die Eltern nicht mehr verstehen und getrennte Wege gehen. Vielmehr fragen sie sich: „Hat der Papa mich noch lieb?“ oder „Habe ich etwas ganz Schlimmes gemacht, daß der Papi jetzt nicht mehr nach Hause kommt?“ Solche Verlustängste belasten das Kind, und es muß ständig überprüfen, wo es noch Halt findet. Um dies herauszufinden trotzt es. Wir erinnern uns: Auch im Fall von Sabrina war die Scheidung der Eltern ein auslösendes Moment für die psychische Störung. Es muß jedoch nicht immer lautstarker Trotz sein. Das Kind kann auch auf andere Art trotzig reagieren, zum Beispiel durch Bettnässen, Daumenlutschen oder Schlafstörungen. Manche werden auch besonders nervös, unkonzentriert und hyperaktiv.

Eine Mutter erzählt: *„Seit ich mich im vergangenen Jahr von meinem Mann getrennt habe, leidet meine vierjährige Tochter unter Schlafstörungen. Jedesmal, wenn ich am Abend ihr Zimmer verlassen möchte, beginnt Johanna fürchterlich zu schreien und klammert sich an mir fest. Manchmal steigert sie sich so in den Schreikrampf hinein, daß sie erbrechen muß. Anfangs habe ich ihr gut zugeredet, dann geschimpft und gedroht. Alles vergebens. Eine Zeitlang habe ich mich zusammen mit ihr ins Bett gelegt, um zu warten, bis sie eingeschlafen ist. Doch das funktionierte auch nicht. Johanna hat sich krampfhaft wachgehalten, um keinesfalls den Augenblick zu verpassen, in* *dem ich mich aus dem Bett schleichen wollte. Auch wenn sie mal kurz eingenickt war, wachte sie bei der kleinsten Bewegung von mir wieder auf und begann zu schreien."*

Das Mädchen hat offenbar die Scheidung seiner Eltern seelisch nicht verkraftet. Nachdem es schon den Vater verloren hat, klammert es sich nun ganz extrem an die Mutter. Da es im Schlaf die Kontrolle über sie verlieren würde, weigert sich das Mädchen zu schlafen. Die Verlustängste der Tochter sind stärker als ihre Müdigkeit.
Die beschriebenen Probleme können sich wieder legen, wenn sich der Alltag eingespielt und das Kind seine nötige Sicherheit zurückgewonnen hat. Im Fall von Johanna scheint dies aber nicht der Fall zu sein. Deswegen ist therapeutische Hilfe vermutlich der einzige Ausweg aus dem Dilemma. Allerdings genügt es dann nicht, allein das Kind zu therapieren, erfolgversprechender ist eine Familientherapie, am besten auch unter Einbeziehung des von der Mutter getrennt lebenden Vaters.

Neue Lebensumwelt

Auch ein plötzlicher Wechsel der Lebensumwelt stellt für manche Kinder eine psychische Belastung dar, auf die sie mit Trotz reagieren. Daß ein Kind in der ersten Kindergartenwoche besonders zappelig oder die ersten Tage nach dem Umzug in die neue Wohnung besonders trotzig ist, ist völlig normal. Kritisch wird es erst, wenn nach einer Anpassungsphase keine Normalisierung des Verhaltens mehr eintritt.

Ein Umzug in eine andere Wohnung kann für Kleinkinder ein angsteinflößendes Erlebnis sein: ihre gewohnte Welt löst sich auf

Oft wechselnde Bezugspersonen

Kinder brauchen einen festen Rahmen, in dem sie sich entwickeln können. Dazu gehören auch Bezugspersonen, die für sie da sind. Schwierig wird es immer dann, wenn diese Personen häufig wechseln.
Viele berufstätige Eltern lassen sich zu Hause von einer Tagesmutter vertreten. Dies ist, sofern man „die Richtige" gefunden hat, kein Problem. Allerdings sollte man schon bei der Einstellung darauf achten, daß die Tagesmutter auch langfristig zur Verfügung steht. Das Kind baut zu ihr eine intensive Beziehung auf und erleidet einen Schock, wenn seine Tagesmutter plötzlich verschwindet. Wechselt die Betreuerin gar alle paar Monate, kann dies starke Verlustängste gegenüber allen Menschen auslösen. Ähnlich wie bei der Scheidung der Eltern fehlt auch jetzt plötzlich ein Bezugspunkt im Leben des Kindes. Einige Kinder reagieren darauf mit verstärktem Trotz gegen die Eltern.

UNSER TIP

Bereiten Sie Ihr Kind auf einen Wechsel der Bezugspersonen nach Möglichkeit langfristig vor. Wenn Ihre Kinderfrau gekündigt hat, erklären Sie das frühzeitig Ihrem Kind. Ersparen Sie ihm den überraschenden Trennungsschmerz, wenn es eines Tages von seiner Tagesmutti erfährt: „Morgen komme ich nicht mehr!“

Auch wenn neue Bezugspersonen ins Leben eines Kindes treten, kann es zu Konflikten kommen. Viele Kinder reagieren beispielsweise auf die Geburt eines Bruders oder einer Schwester mit vermehrtem Trotz. Dadurch wollen sie die Aufmerksamkeit bewußt auf sich lenken und die neue Konkurrenz aus dem Feld stechen (siehe Seite 62).

Jedes Kind muß im Laufe seines Lebens den Wechsel von Bezugspersonen hinnehmen. Längerfristige psychische Störungen sind in der Regel nicht zu befürchten. Allerdings sollten Sie in diesen kritischen Phasen Ihr Kind besonders genau beobachten, um sofort auf Veränderungen reagieren zu können. Besonders sensible Kinder können durch den Verlust einer geliebten Person dauerhaft aus dem seelischen Gleichgewicht geworfen werden.

Körperliche Behinderung

Auch eine körperliche Behinderung kann indirekt psychische Störungen auslösen. Allerdings ist dann nicht die Behinderung als solche daran schuld, sondern der falsche Umgang damit. Viele Eltern eines behinderten Kindes haben Skrupel, ihm gegenüber mit der gleichen Festigkeit aufzutreten, wie sie dies bei einem gesunden Kind machen würden. Das „arme Kind“ soll schließlich nicht noch zusätzlich eingeengt werden. Diese Haltung führt aber vielfach dazu, daß das Kind völlig verzogen wird und auf den leisesten Ansatz einer Verweigerung mit heftigen Trotzanfällen reagiert. In einigen Fällen verlernt das Kind dann völlig, sich auch ohne Trotz durchzusetzen. Wichtig deshalb: **Erziehen Sie ein behindertes Kind ebenso wie ein nichtbehindertes. Es braucht die gleichen festen Grenzen, und seine gesundheitliche Einschränkung darf kein Grund sein, ihm diese zu verweigern.**

Das Thema „Erziehung behinderter Kinder“, läßt sich im Rahmen dieses Buches selbstverständlich nicht umfassend abhandeln. Betroffene Eltern seien deswegen auf die einschlägige Fachliteratur verwiesen.

Hilfe für Eltern

Eltern, die mit dem Trotzverhalten ihres Kindes nicht mehr zurechtkommen und eine Therapie ins Auge fassen, sollten zunächst ausschließen, daß es für das Verhalten ihres Kindes organische Gründe gibt.

Vielleicht gehorcht es nur deshalb nicht, weil es schlecht hört, oder es reagiert nur deshalb ständig gereizt, weil es immer mit Schmerzen fertig werden muß. Diese Fragen lassen sich am besten durch eine genaue Untersuchung beim Kinderarzt klären.

Sind organische Schäden ausgeschlossen, führt der nächste Schritt zu einer Beratungsstelle. Sich einzugestehen, daß sie mit der Erziehung ihres Kindes Probleme haben, macht vielen Eltern Schwierigkeiten. Besonders, weil doch alle anderen „so liebe Kinder“ haben. Sie scheuen deswegen den Weg zum Therapeuten und tolerieren lieber weiterhin die für sie und ihr Kind unerträgliche Situation.
Bevor Sie in die Beratung gehen, machen Sie sich jedoch eines klar: Eine Therapie hat nur dann Sinn, wenn auch bei Ihnen die Bereitschaft da ist, daran mitzuwirken. Sie sollten die Therapie nicht als „Behandlung“ Ihres Kindes betrachten, sondern als einen Versuch, Ihre Familie wieder zueinander zu bringen. Eine Familie reagiert wie ein Mobile. Zieht man an einer Figur, so setzt sich das ganze Mobile in Bewegung – verändere ich mein Verhalten, so ändert sich das Verhalten meines Kindes, das des Partners und so fort.

UNSER TIP

Eine Anlaufstelle (auch) in Not- und akuten Krisensituationen sind ***Familienberatungsstellen*** *von Kommunen, Kirchen (Diakonisches Werk und Diözese) und gemeinnützigen Vereinigungen (im Telefonbuch in den Gelben Seiten unter „Psychologische Beratung“).* ***Erziehungsberatungsstellen*** *gibt es vor Ort bei den kirchlichen Trägern, den Kommunen (Stadt) und der Arbeiterwohlfahrt (AWO) (Adressen in den Gelben Seiten des Örtlichen Fernsprechbuchs).*

Anhang

Adressen

■ Einen ausführlichen Ratgeber mit den Adressen vieler wichtiger Beratungsstellen erhält man kostenfrei beim **Bundesministerium für Familie und Jugend,** 53123 Bonn
Tel.: 02 28 / 9 30 21 52 und
02 28 / 9 30 21 06.

■ Ein Verzeichnis von Erziehungsberatungsstellen erhält man bei der **Bundeskonferenz für Erziehungsberatung e.V.,** Amalienstr. 6, 90763 Fürth
Tel.: 09 11 / 97 71 40
Fax: 09 11 / 74 54 97.

■ Informationen über die Beratungsstellen des jeweiligen Verbandes erhält man unter folgenden Adressen:
Arbeiterwohlfahrt, Oppelner Str. 130, 53110 Bonn
Tel.: 02 28 / 6 68 50.

Arbeitsgemeinschaft für Erziehungshilfe, Gandhistr. 2, 30559 Hannover
Tel.: 05 11 / 51 12 12.

Arbeitskreis überaktives Kind e.V., Dietrichstr. 9, 30159 Hannover
Tel.: 05 11 / 3 63 27 29.

Berufsverband Deutscher Psychologen, Heilsbachstr. 22, 53132 Bonn. Dort erhält man Anschriften von Familientherapeuten.

Bundesverband Neue Erziehung e.V., Am Schützenhof 4, 53119 Bonn
Tel.: 02 28 / 66 40 55 und
02 28 / 66 40 56,
Fax: 02 28 / 66 77 93.

Deutsche Arbeitsgemeinschaft für Jugend- und Eheberatung, Bundesgeschäftsstelle, Neumarkter Straße 84 c, 81673 München
Tel.: 0 89 / 4 36 10 91
Fax: 0 89 / 4 31 12 66.

Deutsche Arbeitsgemeinschaft Selbsthilfegruppen, Friedrichstr. 28, 35392 Gießen
Tel.: 06 41 / 7 02 24 78.

Deutscher Caritasverband, Karlstr. 40, 79104 Freiburg
Tel.: 07 61 / 20 00.

Deutscher Kinderschutzbund, Schiffsgraben 29, 30159 Hannover
Tel.: 05 11 / 32 91 35.

Diakonisches Werk der Evangelischen Kirchen in Deutschland, Stafflenbergstr. 76, 70184 Stuttgart
Tel.: 07 11 / 2 15 90.

Eltern für aktive Vaterschaft – Verein für die Förderung der gemeinsamen Verantwortung von Vätern und Müttern, Auricher Str. 11, 26556 Westerholt
Tel./Fax: 0 49 75 / 86 06.

Evangelische Konferenz für Familien- und Lebensberatung e.V.,
Kurfürstenstr. 49, 12105 Berlin
Tel.: 0 30 / 7 05 58 84.

Katholische Bundesarbeitsgemeinschaft für Ehe- und Familienberatung, Kaiserstr. 163,
53113 Bonn
Tel.: 02 28 / 10 31.

Katholische Bundesarbeitsgemeinschaft für Erziehungsberatung, Karlstr. 40, 79104 Freiburg
Tel.: 07 61 / 20 00.

Katholischer Verband für soziale Dienste in Deutschland, Ulmenstr. 67, 40476 Düsseldorf
Tel.: 02 11 / 94 10 50.

Pro Familia, Erziehungsberatung,
Bodenseestr. 226, 81243 München
Tel.: 0 89 / 8 97 67 30.

Sozialdienst katholischer Frauen,
Agnes-Neuhaus-Str. 5,
44135 Dortmund,
Tel.: 02 31 / 52 81 26 und
02 31 / 52 81 27.

Väteraufbruch für Kinder e.V.,
Wriezener Karree 5, 10243 Berlin
Tel.: 0 30 / 5 88 21 48.

Verband alleinerziehender Mütter und Väter, Bundesverband,
Von-Groote-Platz 20, 53173 Bonn
Tel.: 02 28 / 35 29 95.

■ Mit den Problemen von Kindern in geschiedenen Beziehungen befassen sich die folgenden Organisationen:

Initiative Streitfall Kind, Herzbergstr. 26 a, 10365 Berlin
Tel.: 0 30 / 5 58 94 51
Fax: 0 30 / 5 59 73 40.

Intakte Elternschaft trotz Trennung/Scheidung, Germersheimer Str. 26, 81541 München
Tel.: 0 89 / 49 64 11.

Literatur zum Weiterschmökern

Bielicki, Isabella, **Vom Kleinkind zum Tyrannen,** Kindler 1974.

Diekmeyer, Ulrich, **Das Eltern Buch 2,** rororo 1992.

Diekmeyer, Ulrich, **Das Eltern Buch 3,** rororo 1992.

Diekmeyer, Ulrich, **Das Eltern Buch 4,** rororo 1992.

Diekmeyer, Ulrich, **Handbuch für Eltern,** Band 1, BLV 1993.

Dreikurs, Rudolf/Soltz, Vicki, **Kinder fordern uns heraus,** Klett-Cotta 1984.

Geißler, Uli, **Spiel und Spaß zu Hause,** Falken 1990.

Gordon, Thomas, **Familienkonferenz,** Hoffmann und Campe 1993.

Grabbet, Regina, **Das große bunte Spielebuch,** Falken 1991.

Janssen, Hans, **Kinder wollen Klarheit,** Kreuz 1994.

Kettner, Anne/Haug-Zapp, Egbert, **Das Kindergartenbuch,** rororo 1990.

König, Karl, **Die ersten drei Jahre des Kindes,** Fischer 1987.

Lämmle, Brigitte/Wünsch, Gabriele, **Familienbande,** Mosaik 1995.

Madelung, Eva, **Trotz – zwischen Selbstzerstörung und Kreativität,** Kösel 1985.

Maus, Sabine, **Die kleinen Wilden brauchen keine Zähmung,** in: Eltern 95/4.

Nickel, Horst/Schmidt-Demter, Ulrich, **Vom Kleinkind zum Schulkind,** Reinhardt 1988.

Nitsch, Cornelia, **Das andere Erziehungsbuch,** Mosaik 1990.

Prekop, Jirina, **Der kleine Tyrann,** dtv 1991.

Purves, Libby, **Die Kunst (k)eine perfekte Mutter zu sein,** Goldmann 1993.

Rogge, Jan-Uwe, **Eltern setzen Grenzen,** rororo 1995.

Rollin, Marion, **Typisch Einzelkind – Das Ende eines Vorurteils,** Hoffmann und Campe 1990.

Schenk-Danzinger, **Entwicklungspsychologie Band 1,** Österreichischer Bundesverlag 1981.

Sichtermann, Barbara, **Nein, nein – ich will nicht! Was tun, wenn Kinder trotzen,** Rowohlt 1983.

Schulz von Thun, Friedemann, **Miteinander reden: Störungen und Klärungen,** rororo 1982.

Uhlmann, Irene, **Das Kind,** VEB Bibliogr. Institut 1967.

Viebahn, Ilsabe von, **Seelische Entwicklungen und ihre Störungen,** Verlag für Medizinische Psychologie 1972.

Wieland, Arthur, **Wenn Kinder trotzen,** Reinhardt 1969.

Register

Im FALKEN Verlag sind zahlreiche Titel zum Thema „Kinder und Erziehung" erschienen.
Bitte fragen Sie danach in Ihrer Buchhandlung.

Dieses Buch wurde auf chlorfrei gebleichtem und säurefreiem Papier gedruckt.

Die Deutsche Bibliothek – CIP-Einheitsaufnahme

Krauss, Heike: Keine Angst vor Trotzköpfen : warum kleine Kinder manchmal unausstehlich sind ; was Eltern tun können / Heike Krauss ; Rasso Knoller.
Mit einem Vorw. von Heidi Keller. – Niedernhausen/Ts. : FALKEN, 1996
(Eltern-Ratgeber)
ISBN 3-8068-1613-1
NE: Knoller, Rasso:

ISBN 3 8068 1613 1

Umschlaggestaltung: Andreas Jacobsen
Layout: Horst Bachmann
Redaktion: Uwe Meilahn
Herstellung: Alois Winter
Fotos: Alle Heidi Velten, Isny im Allgäu bis auf: AKG, Berlin (S. 12) und FALKEN Archiv: S. Dürichen (S. 75, 76)
Titelbild: Comstock, Berlin
Foto Umschlagrückseite: Transglobe Agency/Grace Huang, Hamburg

Satz und Lithografie: Grunewald Satz & -Repro GmbH, Kassel
Druck: Druckerei Parzeller GmbH, Fulda

817 2635 4453 6271

Wenn Kinder krank sind…

FALKEN ElternRatgeber
Mein Kind ist krank – so hilft die Natur
Von Dr. med. H. Wachtl, 160 Seiten,
durchgehend vierfarbig, gebunden
ISBN: 3-8068-**4761**-4
DM 39,90

- Was die Natur gegen Krankheiten zu bieten hat
- Krankheiten und ihre Ursachen, Symptome und Vorbeugemöglichkeiten
- Kurs für die Pflege des kranken Kindes
- Die eigene Hausapotheke
- Heilpflanzentabelle und Pflanzenheilmittel selbst herstellen

FALKEN

Der Spezialist für nützliche Bücher

Stand der Preise 1.7.1996 · Preisänderungen vorbehalten